Como elaborar o plano de negócios + curso *on-line*

Como elaborar o plano de negócios
+ curso *on-line*

Luiz Arnaldo Biagio

Editor gestor: Walter Luiz Coutinho
Editora: Karin Gutz Inglez
Produção editorial: Paulo Roberto Rocha Filho, Cristiana Gonzaga S. Corrêa e Juliana Morais
Capa: Daniel Justi
Projeto gráfico: Visão Editorial
Ilustrações do site: Maria Rita Fairbanks Coelho Mendes Biagio
Revisão: Departamento Editorial da Editora Manole

Dados Internacionais de Catalogação na Publicação (CIP)
(Câmara Brasileira do Livro, SP, Brasil)

Biagio, Luiz Arnaldo
Como elaborar o plano de negócios: + curso *on-line* / Luiz Arnaldo Biagio. – Barueri, SP: Manole, 2013. – (Série lições de gestão)

ISBN 978-85-204-3357-7

1. Administração de empresas 2. Empreendimentos
3. Plano de negócios I. Título. II. Série.

12-14175 CDD-658.4012

Índices para catálogo sistemático:
1. Plano de negócios: Empreendimentos: Administração de empresas 658.4012

1ª edição – 2013

Direitos adquiridos pela:
Editora Manole Ltda.
Avenida Ceci, 672 – Tamboré
06460-120 – Barueri – SP – Brasil
Tel.: (11) 4196-6000 – Fax: (11) 4196-6021
www.manole.com.br
info@manole.com.br

Impresso no Brasil
Printed in Brazil

Este livro contempla as regras do Acordo Ortográfico da Língua Portuguesa de 1990, que entrou em vigor no Brasil em 2009.

São de responsabilidade do autor as informações contidas nesta obra.

SUMÁRIO

APRESENTAÇÃO

Olá! Meu nome é Eugênio e talvez você já me conheça. Eu sou o facilitador da Manole Educação e estou aqui para lhe apresentar a segunda das Lições de Gestão, que vai orientá-lo a elaborar um Plano de Negócios para sua empresa.

Você deve estar se perguntando: o que são as Lições de Gestão? São um conjunto de 12 cursos de administração considerados básicos para a gestão do dia a dia de qualquer empresa. Cada lição é um curso a distância composto de um livro, videoaulas e tutoriais disponíveis na plataforma da Editora Manole (www.manoleeducacao.com.br/licoesdegestao).

Um curso a distância pode ser definido como um aprendizado em que o estudante não precise estar presente fisicamente em uma sala de aula, ou seja, ele não precisa ir até a escola, é ela que vai até o estudante por algum meio de comunicação, como vídeo, DVD, internet, etc.

Esta lição, que apresento agora, trata de como elaborar o plano de negócios da sua empresa, o que é fundamental para a sobrevivência de qualquer tipo de empresa. Como você quer que ela seja no futuro? É claro que você sabe a resposta: quer que seja lucrativa; e o plano de negócios será o documento que demonstrará quais passos devem ser seguidos para que, no futuro, sua empresa seja realmente lucrativa.

Mas esteja atento, pois você precisará de muita disciplina para utilizar todos os recursos disponíveis e assim facilitar seu aprendizado. Cada curso da série Lições de Gestão requer dedicação para concluí-lo. Se seguir o roteiro do livro e da plataforma, terá um material elaborado pedagogicamente para um autoestudo efetivo e que propicia a retenção do conhecimento. Persista! Se tiver dúvidas, temos um canal de comunicação entre o professor e você na plataforma do curso.

Curso *on-line*

Acesse o *site* www.manoleeducacao.com.br/licoesdegestao, cadastre-se e realize as diversas atividades do curso:

- assista às videoaulas;
- aprenda com os tutoriais;
- acompanhe os *slides*;
- teste seus conhecimentos com questões interativas.

Boa sorte!

AULA 1

INTRODUÇÃO

OBJETIVOS DESTA AULA

- Apresentar o que é um Plano de Negócios;
- demonstrar para que serve o Plano de Negócios.

Bem, vamos à aula!

Por que escrever um Plano de Negócios?

Para ajudar a explicar para que serve um Plano de Negócios, vamos começar com a história da maior companhia aérea norte-americana: a PAN AM.

Quadro 1 – O caso da PAN AM

Se alguém, na década de 1960, dissesse que, em 1991, a PAN AM faria seu último voo, e que, em 1998, a empresa teria sua falência declarada, deixando de operar rotas regulares, certamente muitas pessoas diriam que esse "profeta" estaria lou-

co. Como é que o maior símbolo de sucesso da aviação comercial norte-americana iria quebrar? Isso era simplesmente impensável. Mas o "profeta" da década de 1960 estava com a razão. Foi exatamente isso o que aconteceu, depois de inúmeras tentativas de salvar a companhia sem qualquer êxito.

Mas o que aconteceu com a PAN AM? As pessoas têm viajado menos de avião? Ou foram os atentados terroristas os responsáveis pela derrocada da empresa?

É bem verdade que, em 21 de dezembro de 1988, uma bomba explodiu em um Boeing 747, na cidade de Lockerbie, na Escócia, e a PAN AM acabou coprotagonizando um dos maiores atentados terroristas da história da aviação civil, superado apenas pelos atentados de 11 de setembro de 2001. Contudo, essa não foi a razão pela qual a PAN AM sucumbiu comercialmente. A questão de as pessoas viajarem menos de avião também não é realidade; para comprovar isso, basta procurar nos jornais econômicos: a quantidade de passageiros transportados aumenta ano após ano, consumindo cada vez mais a infraestrutura dos aeroportos e das companhias aéreas. Assim, fica a pergunta: o que aconteceu com a PAN AM?

A PAN AM não percebeu que a maior parte de suas receitas era proveniente do transporte de correspondência aérea e, com o advento do fax (e posteriormente da internet), essa receita foi despencando e a empresa não conseguiu se adaptar aos novos tempos.

MORAL DA HISTÓRIA: uma empresa precisa imaginar como será o futuro de suas operações, identificar as ameaças que poderão atravessar seu caminho e traçar os planos para eliminar ou neutralizar tais ameaças. O Plano de Negócios é o documento que conduz a empresa rumo ao futuro.

Provavelmente, você já ouviu falar em Plano de Negócios quando resolveu solicitar um financiamento para sua empresa ou fazer um curso de empreendedorismo para entender melhor como abrir a sua empresa ou como posicioná-la adequadamente no mercado. É possível que tenha se perguntado: se o Plano de Negócios é um instrumento de tanta importância, por que a maioria das empresas não o elabora? Ou, quando elabora, deixa-o esquecido em uma gaveta qualquer?

O maior problema das empresas ao escrever um Plano de Negócios é empregá-lo com fidelidade no futuro.

Você tem toda a razão nesses questionamentos, e essas não são perguntas fáceis de se responder. Um dos poucos palpites que eu posso dar para tentar elucidar o fato é que a maior parte dos empreendedores não possui perfil empreendedor adequado. As principais características comportamentais pouco desenvolvidas nesses empreendedores – a busca de informações e o planejamento sistemático – são justamente as mais requisitadas no caso da elaboração do Plano de Negócios.

Esse palpite, no entanto, tem certo fundamento, pois, em pesquisa realizada pelo Sebrae e Fipe (1999), denominada "Estudo da Mortalidade das Empresas Paulistas", constatou-se que 43% do total das empresas abertas no Estado de São Paulo deixou de existir ou trocou de atividade durante o primeiro ano, 54% no segundo ano e 63% no terceiro. Nas Incubadoras de Empresas do Estado de São Paulo, a mortalidade das empresas nos 2 primeiros anos de atividade gira em torno de 15%. A explicação, embora não seja a única, é de que, para uma empresa se instalar em uma Incubadora de Empresas, ela necessita elaborar um Plano de Negócios, e, enquanto estiver na Incubadora, o Plano de Negócios é o livro de cabeceira do empreendedor. O desempenho da empresa incubada é medido pelo cumprimento das metas pactuadas no Plano de Negócios.

Veja a pesquisa completa em www.fipe.org.br.

Se você tiver a pretensão de descobrir todas as razões pelas quais é necessário elaborar um Plano de Negócios para sua empresa, prepare-se para ler montanhas de livros. Cada novo autor encontra uma série de razões e, por incrível que pareça, todas são bastante plausíveis. Agora, se você se contentar com um breve resumo, basta entender as cinco razões básicas descritas a seguir:

O Plano de Negócios para demonstrar a viabilidade da empresa.

1. Quando você estiver elaborando o Plano de Negócios da sua empresa, terá uma oportunidade única de olhar para a empresa de maneira objetiva, crítica e imparcial. O Plano de Negócios ajudará a focalizar as ideias e a demonstrar a viabilidade do empreendimento.
2. O Plano de Negócios deve ser visto como uma ferramenta operacional que define o posicionamento atual da empresa e as possibilidades futuras, além de indicar os caminhos a serem seguidos.

O Plano de Negócios como ferramenta de avaliação do desempenho da empresa.

3. O Plano de Negócios pode ser utilizado como uma ferramenta proativa na previsão e na solução dos problemas, pois, ao elaborá-lo, alguns fatores que poderiam ser mal avaliados ou negligenciados virão à tona. O Plano de Negócios é um documento de avaliação do desempenho da sua empresa, além de uma projeção futura dos resultados.

O Plano de Negócios como guia para a tomada de decisão.

4. O Plano de Negócios poderá ser um excelente guia para as tomadas de decisão que inevitavelmente têm de ser efetuadas na conduta do seu empreendimento. No Plano de Negócios, encontram-se definidos os propósitos, as estratégias, as competências, as habilidades e o conhecimento da empresa, do pessoal e do negócio em si, sendo esses norteadores fundamentais para a comunicação empresarial e para a tomada de decisão.

5. O Plano de Negócios servirá de instrumento de convencimento para uma parceria comercial ou para uma proposta de financiamento.

O Plano de Negócios como uma ferramenta de apresentação da empresa.

O primeiro passo para elaborar um bom Plano de Negócios é sair em busca de informações a respeito do mercado, dos recursos necessários e da tecnologia necessária. Isso não é uma tarefa fácil e muitos acabam desistindo dessa atividade, o que é nocivo para o sucesso do empreendimento. Empreendedores costumam ser pessoas criativas e sonhadoras e acabam utilizando essa criatividade para formular o Plano de Negócios, alegando que usaram seu *feeling*. Um antigo professor me dizia que a única pessoa que ganhou dinheiro com *feeling* foi Morris Albert. Epa... Você não sabe quem foi Morris Albert? Aproveite para praticar a busca de informações e comece descobrindo quem foi esse personagem.

Agora que você conseguiu fazer uma pesquisa sobre um personagem, aproveite e comece a fazer uma pesquisa sobre o mercado no qual a oportunidade de negócios que você pretende explorar está inserida.

Não existe um tamanho ou uma composição ideal ou padronizada para um Plano de Negócios, e você deverá procurar a formatação mais adequada à sua empresa, dando maior ênfase a determinadas partes, dependendo dos objetivos que o motivaram a escrever o Plano de Negócios da sua empresa.

Na maioria das vezes, um Plano de Negócios deve ser constituído das seguintes partes:

A capa causa a primeira impressão da empresa.

- Capa: "a primeira impressão é a que fica". Esse ditado popular demonstra a importância da capa, que deve conter as seguintes informações: razão social da empresa, endereço completo, logomarca da empresa, nome da pessoa de contato, mês e ano de elaboração do Plano de Negócios.

- Índice: como os leitores de um Plano de Negócios têm interesses e pontos de vista diferentes, o índice permite que os leitores localizem rapidamente as seções que mais interessem a eles.

O Sumário executivo é o momento de vender a ideia do negócio.

- Sumário executivo: é a parte mais importante do Plano de Negócios. Representa uma síntese do que é a empresa e os motivos pelos quais o Plano de Negócios foi escrito. A rigor, deve-se utilizar essa seção para despertar no leitor o desejo de ler todo o Plano de Negócios e não somente uma parte.
- Caracterização da empresa: deve ser contado um pouco da história da sua empresa, dizendo como surgiu a ideia de montar o negócio, como foi identificada a oportunidade de negócio e como a empresa está estruturada, tanto em relação às questões contábeis quanto em relação ao organograma e à matriz de responsabilidade.

Aqui, define-se como a empresa será no futuro.

- Planejamento estratégico: nesta seção, deve ser apresentada a visão de futuro da empresa, ou seja, deve-se criar a missão da empresa, bem como seus objetivos e metas para um período não inferior a 5 anos. Aqui deve ser dito o que sua empresa pretende ser daqui a 10 anos.

Não basta um empreendedor ter uma boa ideia; é preciso que ela seja aceita pelo mercado.

- Análise de mercado: o mercado é a principal razão da existência de uma empresa, e se ela não demonstrar conhecer esse mercado, jamais conseguirá convencer alguém sobre a sua viabilidade. Portanto, nessa seção, é importante que você demonstre conhecimento sobre o mercado, tanto sobre os consumidores quanto sobre os concorrentes e fornecedores.

- Plano de marketing: se o mercado é a principal razão da existência de uma empresa, os passos para se conquistar esse mercado passam a ser decisivos para o sucesso da empresa. Neste item, você irá apresentar os seus produtos e demonstrar como pretende fazer para que seus consumidores deixem de comprar nos concorrentes e passem a comprar os produtos da sua empresa. Apresentar um estudo de previsão de demanda também é importante nessa fase, a fim de justificar o investimento na capacidade de produção definida na seção seguinte.
- Plano operacional: nesta seção, você deve demonstrar como a empresa pretende produzir os seus produtos, qual tecnologia será empregada, como a empresa garante a qualidade especificada pelo mercado, como é organizado o planejamento da produção e qual a capacidade de produção definida para atender a demanda projetada.
- Plano financeiro: se você estiver em busca de um financiamento ou de um investidor, esta será a primeira seção que o leitor irá procurar. Além do demonstrativo financeiro e do fluxo de caixa projetados para 5 anos, é importante incluir um plano de investimentos e a demonstração da viabilidade econômica da empresa.
- Anexos: nesta parte, finalmente, você deve incluir todos os documentos comprobatórios das ações demonstradas no Plano de Negócios, como currículos das pessoas em atividades-chave, tabulação de dados de pesquisas realizadas, etc.

Lembre-se sempre de que um Plano de Negócios somente será útil se for efetivamente colocado em prática e é um instrumento essencial, que pode evitar o declínio da sua empresa. Você não iria elaborar uma ferramenta com esse potencial somente para preencher solicitações burocráticas, não é mesmo? Se agir assim, o Plano de Negócios da sua empresa não passará de um conjunto de informações tabuladas e perdidas depois de algum tempo.

PARA REFLETIR

1. Qual é o melhor momento para escrever um Plano de Negócios para sua empresa?
2. Você já ouviu falar de 5W2H? Pesquise sobre essa metodologia e verifique se pode aplicá-la na elaboração do Sumário Executivo do seu Plano de Negócios.

AULA 2

COLHENDO E TABULANDO INFORMAÇÕES

OBJETIVOS DESTA AULA

- Demonstrar como se seleciona informações úteis para o Plano de Negócios;
- apresentar uma tabela para facilitar a consulta das informações pesquisadas e utilizadas na composição do Plano de Negócios.

Bem, vamos à aula!

Como fazer uma pesquisa na internet e não se perder em um mar de informações?

Depois do advento da internet, decididamente, fazer uma pesquisa a respeito de qualquer assunto virou brincadeira de criança, não é mesmo? Experimente entrar no onipresente Google® e digitar a palavra "inovação". Enquanto escrevia este material, fiz essa experiência e, em 0,10 segundos, o *site* de busca me retornou 2.640.000 resultados; isso porque não digitei *innovation*, o que me leva a crer que a busca foi realizada somente em *sites* de língua portuguesa. Se você fizer essa experiência, certamente obterá mais resultados que eu. E sabe por quê? O número de informações disponíveis na internet, sobre qualquer assunto, diariamente só tende a aumentar.

Já vai longe o tempo do assassinato do 16° presidente dos Estados Unidos, Abraham Lincoln (em abril de 1865), cuja notícia demorou 7 dias para percorrer todo o país, de costa a costa. Mais recentemente, em 1997, a notícia da quebra da Bolsa de Valores de Hong Kong demorou apenas 7 segundos para percorrer todo o mundo.

A internet deixou o mundo muito pequeno; permitiu-nos tamanho acesso à informação, que alguns médicos já estão estudando novas doenças que atingem as pessoas: o estresse da internet, o pânico da desinformação, etc. Ao mesmo tempo em que a internet nos abriu as portas da informação, em âmbito mundial, trouxe consigo uma enorme quantidade de informações inúteis e de origem duvidosa. É preciso estar atento ao usar tais referências para tomar decisões no seu empreendimento; selecionando, dentro de um verdadeiro oceano de informações, aquelas que são mais relevantes para o seu caso particular.

Para facilitar a sua tarefa, foi elaborada a tabela a seguir, somente com *websites* confiáveis e que oferecem conteúdo para quem está montando um Plano de Negócios, qualquer que seja o ramo da oportunidade que se deseja explorar. No entanto, é necessário ter alguns cuidados: com a velocidade da internet, a tabela aumenta quase diariamente.

Podem ser incluídos outros *links* de seu interesse nessa tabela, tomando sempre o cuidado de serem *links* de *sites* confiáveis.

Veja essas dicas!

Tabela 1 – *Websites* para pesquisa de informações

Nº	Tipo	Nome	Descrição	*Link*
1	Artigos e teses	Acesso livre	Periódicos, bases de dados referenciais com resumos, patentes, teses, dissertações e estatísticas	www.periodicos.capes.gov.br
2	Artigos e teses	Biblioteca digital Unicamp	Dissertações e teses; trabalhos apresentados em congressos e seminários; e periódicos eletrônicos da Unicamp	http://libdigi.unicamp.br/
3	Artigos e teses	Capes	Banco de teses	http://www.capes.gov.br/servicos/banco-de-teses
4	Artigos e teses	Enginnering Village	Banco de dados de engenharia	http://www.engineeringvillage2.org
5	Artigos e teses	Fiocruz	Banco de teses da Fundação Oswaldo Cruz – Área da saúde	http://portalteses.cict.fiocruz.br/
6	Artigos	GoArticles	Artigos não científicos sobre os mais diversos temas, postados pelos próprios autores, com supervisão do *site*	http://www.goarticles.com/
7	Artigos	Portal de periódicos (Capes)	Jornais/revistas com publicações nacionais e internacionais, em diversas áreas, com edição regular	http://www.periodicos.capes.gov.br/
8	Empresas	Hoover's	Relação de empresas abertas em todo o mundo. Propício para identificar fornecedores, clientes e concorrentes	http://www.hoovers.com

(continua)

(continuação)

9	Empresas	Thomson Reuters	Empresa privada que agrupa pesquisadores e publica dados das pesquisas desenvolvidas	http://www.isinet.com/
10	Ferramenta de busca	Alta Vista	*Site* de busca secundário (menor quantidade de informações populares)	http://br.altavista.com/
11	Ferramenta de busca	Google	*Site* de busca bastante popular, útil para primeiros contatos com o tema	http://www.google.com
12	Indicadores	Banco Central do Brasil	Indicadores de conjuntura econômica e publicação de relatórios de desempenho da economia	http://www.bcb.gov.br/?CONJUNTURA
13	Indicadores	Banco Nacional de Desenvolvimento Econômico e Social – BNDES	Informações econômicas gerais sobre o Brasil, análises, estatísticas e manuais de investimentos	www.bndes.gov.br
14	Indicadores	Banco Mundial	Informações econômicas e de conjuntura mundial; publicações de relatórios do desempenho da economia mundial e de projetos sociais apoiados pela entidade	http://www.worldbank.org/
15	Indicadores	Central Intelligence Agency (CIA)	Indicadores e informações resumidas sobre os países do globo	http://www.cia.gov
16	Indicadores	Datasus	Informações, indicadores, estatísticas e publicações sobre a saúde no Brasil	http://tabnet.datasus.gov.br
17	Indicadores	European Comission	Informações, indicadores e estatísticas da Europa	http://epp.eurostat.ec.europa.eu/portal/page/portal/eurostat

(continua)

(continuação)

18	Indicadores	FAPESP	Informações, editais e indicadores de ciência e tecnologia	http://www.fapesp.br/indicadores/index2.php
19	Indicadores	FGV	Indicadores de desempenho econômico dividido por setores	http://www2.fgv.br/dgd/asp/index.asp
20	Indicadores	IBGE	Indicadores, estatísticas, dados populacionais e de perfil socioeconômico do Brasil	http://www.ibge.gov.br/
21	Indicadores	FIESP	Indicadores e publicações *on-line* da indústria paulista	http://www.fiesp.org.br
22	Indicadores	CNI	Indicadores e publicações *on-line* da indústria brasileira	http://www.cni.org.br
23	Artigos e Publicações	IBICT	Publicações sobre ciência e tecnologia do Instituto Brasileiro de Ciência e Tecnologia	http://www.ibict.br/
24	Indicadores	Instituto Nacional de Estatística	Indicadores econômicos, mercadológicos e populacionais da Espanha	http://www.ine.es/
25	Indicadores	IPEA	Indicadores econômicos classificados por: macroeconomia, regional e social	http://www.ipeadata.gov.br/ipeaweb.dll/ipeadata?96868812
26	Indicadores	MCT	Indicadores de ciência e tecnologia, fontes de financiamento e legislação	http://www.mct.gov.br
27	Indicadores	MDIC	Indicadores de desempenho da indústria, comércio e exportações brasileiras	http://www.desenvolvimento.gov.br/sitio/inicial/index.php

(continua)

(continuação)

28	Indicadores	Organization for Economic Co-operation and Development	Informações sociais, econômicas e de infraestrutura de diversos países membros da OECD	www.oecd.org
29	Indicadores	Census	Indicadores, estatísticas, dados populacionais e de perfil socioeconômico dos Estados Unidos	http://www.census.gov/
30	Indicadores	World Health Organization	Informações sobre a saúde no mundo	http://www.who.int/en/
31	Informações de mercado	MDIC	Informações e publicações sobre o mercado exterior e exportações brasileiras	http://aliceweb.desenvolvimento.gov.br/default.asp
32	Informações de mercado	Anvisa	Informações da área de saúde do Brasil	www.anvisa.gov.br
33	Informações de mercado	Business Insight	Relatórios setoriais por segmento de mercado	http://www.bi-interactive.com/index.aspx
34	Informações de mercado	FDA	Informações da área de saúde dos Estados Unidos	www.fda.gov
35	Informações de mercado	SBDCNET	Informações gerais sobre micro e pequenas empresas norte-americanas de base tecnológica e inovação	http://sbdcnet.usa.edu/
36	Informações do mercado financeiro	Yahoo Finance	Notícias econômicas, financeiras e de negócios	http://biz.yahoo.com/ic/
37	Informações de mercado	Zapdata	Relatórios industriais e notícias econômicas de empresas internacionais	https://www.zapdata.com
38	Informações de mercado	Fundação Seade	Informações gerais sobre as cidades do Estado de São Paulo	http://www.seade.gov.br

(continua)

(continuação)

39	Notícias	Agência Sebrae de Notícias – ASN	Notícias sobre micro e pequenas empresas, processos de gestão e tecnologia	http://www.agenciasebrae.com.br
40	Notícias	Jornal *Folha de S.Paulo*	Notícias gerais	http://www1.folha.uol.com.br/fsp/
41	Notícias	Jornal *O Estado de S. Paulo*	Notícias gerais	http://www.estadao.com.br
42	Notícias	Inovação tecnológica	Notícias *on-line* sobre inovação tecnológica	http://www.inovacaotecnologica.com.br
43	Notícias e informações de mercado	Jornal *Valor Econômico*	Notícias, estatísticas e dados sobre economia e mercado financeiro	http://www.valoronline.com.br/
44	Propriedade intelectual	Escritório Europeu de Patentes	Patentes registradas na Europa	http://www.european-patent-office.org
45	Propriedade intelectual	Google Scholar	Enciclopédia acadêmica com teses, artigos científicos e notícias sobre pesquisas científicas	http://scholar.google.com/
46	Propriedade intelectual	INPI	Banco de marcas e patentes brasileiras	http://www.inpi.gov.br/
47	Propriedade intelectual	US Patent and Trademark Office	Patentes registradas nos Estados Unidos	www.uspto.gov
48	Referências	IBICT	Biblioteca virtual de inovação, ciência e tecnologia do MCT	http://prossiga.ibict.br
49	Referências	BuyersGuideChem	Preços de equipamentos e insumos químicos	http://www.buyersguidechem.de/
50	Referências	Revista *NEI*	Fornecedores e mercado de equipamentos industriais	http://www.nei.com.br

(continua)

(continuação)

51	Referências	Chem Industry	Área química – máquinas, equipamentos, insumos e serviços	www.chemindustry.com
52	Referências	Guia químico	Insumos químicos	www.guiaquimico.com.br
53	Referências	Revista P&S	Fornecedores e mercado de equipamentos industriais	http://www.ps.com.br/
54	Referências	Revista *Plástico Moderno*	Notícias, fornecedores, equipamentos, insumos e serviços da área de plásticos	http://www.plasticomoderno.com.br
55	Referências	Howstuffworks	Explicações, de forma simplificada, de como as coisas funcionam	http://www.howstuffworks.com/
56	Referências	Internet Public Library	Biblioteca pública com livros, artigos e revistas *on-line*	http://www.ipl.org/div/aon
57	Referências	Oanda	Conversor de moedas	http://oanda.com/convert/classic
58	Referências	Patent Search	*Links* de *sites* para pesquisa em bancos de patentes	http://www.patentsonline.com.au/patent/pwhere.html
59	Referências	SciELO	Periódicos científicos brasileiros	http://www.scielo.br/scielo.php/script_sci_home/lng_pt
60	Referências	ScienceLab	Preços de equipamentos de laboratório e insumos químicos	http://www.sciencelab.com/
61	Referências	Associação Nacional dos Inventores	Informações sobre patentes solicitadas	http://patentesonline.com.br

No entanto, isso não é o bastante: é preciso também reunir outras informações a respeito da sua empresa e de seus sócios. Nesse caso, a melhor alternativa é conversar com seu contador e levantar os seguintes documentos:

CUIDADO: mantenha todos esses documentos e informações sempre à mão e atualizados.

- cópia do contrato social da empresa (se a empresa ainda não existir, providenciar uma minuta do futuro contrato social);
- currículo completo de cada sócio ou futuro sócio;
- planta e contrato de aluguel do prédio onde a empresa está ou será instalada. Se o imóvel pertencer a um dos sócios, será necessário um contrato de aluguel, mesmo que seja somente *pro forma*;
- relatórios contábeis e financeiros. Tomar o devido cuidado com esse tipo de informação, pois, se a empresa estiver enquadrada como microempresa, com regime tributário Simples ou lucro presumido, não necessitará de contabilidade. Isso não significa, porém, que o contador está dispensado de fazer o demonstrativo de caixa ou o balanço anual. Esses relatórios, embora não sejam necessários para a contabilidade, são excelentes ferramentas de apoio na tomada de decisão;
- catálogos, folhetos, desenhos e projetos dos produtos;
- relação de fornecedores de insumos, com preços, prazos de entrega, condições de pagamentos, etc.;
- relação de concorrentes, com preços praticados, qualidade dos produtos oferecidos, estratégias de vendas, etc.;
- relação de clientes potenciais, com nomes de pessoas-chave, localização, exigências de desempenho do produto, condições de pagamento, potencial de compra, perfil de compra, etc.;

- se o produto da sua empresa for algo novo, é importante fazer uma "busca de anterioridade" nas bases de dados de patentes, para verificar a possibilidade de fabricação de tal produto;
- se existir a necessidade de aquisição de equipamentos, máquinas, acessórios, mobiliário, computadores e *softwares*, deve-se fazer uma relação desses investimentos, inclusive com orçamentos de fornecedores;
- tabela com os impostos incidentes sobre a atividade da sua empresa. As alíquotas dependem do tipo de atividade, do local de instalação da empresa, do faturamento anual, etc.

Bem, agora que você já possui uma ampla base de pesquisa para buscar as informações necessárias para elaborar o seu Plano de Negócios, mãos à obra...

PARA REFLETIR

1. Você percebeu que a tabela "*Websites* para pesquisa de informações" possui, na maior parte, endereços de instituições científicas? Você acha que isso tem algo a ver com inovação?
2. Como a tecnologia pode influenciar no Plano de Negócios de uma empresa?

AULA 3

CARACTERIZAÇÃO DO EMPREENDIMENTO

OBJETIVOS DESTA AULA

- Elucidar o quanto você conhece da empresa e de si mesmo em gerenciar o negócio;
- demonstrar que a sua ideia não foi obra do acaso, mas resultado de uma pesquisa estruturada de oportunidades de negócios na área de atuação.

Bem, vamos à aula!

Nesta aula, o Plano de Negócios começa a ser escrito. A primeira coisa a fazer é apresentar a sua empresa e mostrar claramente como ela funciona e como chegou até este momento.

Aproveite este momento para pensar na sua empresa.

A caracterização da empresa é tecnicamente dividida em:

1. Histórico da empresa.
2. Descrição da empresa.
3. Estrutura gerencial.

ATENÇÃO: revele aqui o seu potencial empreendedor.

Histórico da empresa

Apresentar o contexto em que a empresa foi criada, destacando as razões pelas quais você achou que explorar a oportunidade de negócios seria interessante. Pode-se, nessa fase também, escrever resumidamente a respeito dos fatos que o influenciaram na construção do seu comportamento empreendedor, incluindo como se sente recompensado com o sucesso da empresa. Não é necessário colocar em questão a tecnologia a ser aplicada ou a oportunidade de negócio em si, bastando apenas contextualizar os fatos que influenciaram o surgimento da empresa.

Depois de ler o texto que você escreveu, que aborda o histórico da empresa, verifique se consegue encontrar, no próprio texto, as respostas para as seguintes perguntas:

- Como surgiu a ideia de montar a empresa?
- De onde vem o desejo de ser dono de seu próprio negócio?
- Quem são os sócios da empresa? Por que eles foram escolhidos?
- Quais são, ou eram, na época da fundação, os propósitos iniciais da empresa? (Que público-alvo se pretende atingir, quais as necessidades a serem atendidas, etc.)
- Como foram identificadas as oportunidades de negócios? (Por meio de pesquisas de mercado, observações dos sócios, conversas com clientes potenciais, etc.)
- Quais fatos foram importantes no desenvolvimento da empresa? (Aquisição de equipamentos, lançamento de produtos, parcerias com instituições, participação em feiras, incorporação de outras empresas, participação em eventos, clientes importantes conquistados, etc.)

- Qual a área inicial instalada?
- Qual o endereço inicial?

Descrição da empresa

Nesta parte, você precisa:

ATENÇÃO: aqui você deve se preocupar mais com as questões legais da sua empresa.

- descrever as principais características da empresa, ou seja, como ela é constituída socialmente;
- apresentar a denominação fantasia pela qual a empresa é ou quer ser conhecida, e as marcas, registradas ou não, que estão sob seu domínio;
- explicar o porquê da escolha do tipo de forma jurídica e como estão configurados o capital social e a participação societária;
- incluir a participação de cada sócio na distribuição dos lucros, evidenciando a forma como isso é ou será tratado; ou mesmo como se dará a participação em casos de perda;
- incluir a numeração dos documentos oficiais da empresa, como CNPJ, CNAE, Inscrição Estadual, etc.;
- escrever a respeito do sistema de tributação escolhido para a empresa, ressaltando os benefícios que ela tem em operar com esse sistema e quais os tipos e alíquotas de tributos incidentes sobre as operações da empresa;
- descrever as facilidades (serviços de correio, coleta de lixo urbano, estacionamento, linhas de comunicação, linhas de ônibus, serviços de fornecimento de energia elétrica, tratamento de esgotos, água, etc.) disponíveis no local de instalação da empresa.

Além disso, são importantes a segurança da empresa no tratamento de seus segredos industriais e dos seus funcionários e o modo como são efetuados os serviços de contabilidade e as apólices de seguro das instalações e equipamentos.

Para facilitar sua tarefa e organizar as informações, utilize como modelo as Tabelas 1 a 4.

Tabela 1 – Composição societária

Nome do sócio	Função	Participação
		%
		%
		%
		%

Tabela 2 – Perfil profissional dos sócios

Nome	
Formação escolar	
Experiência	

Nome	
Formação escolar	
Experiência	

Nome	
Formação escolar	
Experiência	

Nome	
Formação escolar	
Experiência	

Tabela 3 – Impostos e contribuições	
Tipos de impostos e contribuições incidentes	**Alíquotas (%)**
IPI – Imposto sobre produtos industrializados	
PIS – Programa de integração social	
Cofins – Contribuição para financiamento da seguridade social	
IRPJ – Imposto de renda pessoa jurídica	
Adicional de IRPJ	
CSLL – Contribuição social sobre lucro líquido	
IRRF – Imposto de renda retido na fonte	
INSS – Imposto sobre salário dos empregados	
INSS – Imposto sobre pró-labore	
FGTS – Fundo de garantia por tempo de serviço	
ICMS – Imposto sobre circulação de mercadorias e serviços (estadual)	
ISS – Imposto sobre serviço de qualquer natureza (municipal)	
Simples – Nacional	

Tabela 4 – Facilidades	
Facilidades disponíveis no local de instalação da empresa	
Transporte coletivo	❑
Estacionamento – vagas:	❑
Restaurante/refeitório	❑
Serviços de despacho	❑
Banheiros/vestiários	❑
Energia elétrica – volts:	❑
Internet de alta velocidade	❑
Esgoto doméstico	❑
Correio	❑
Telefone	❑
Serviço de cópias	❑
Iluminação pública	❑
Água tratada	❑
Coleta de lixo	❑
Calçamento das vias públicas	❑
Outras	❑

Depois de ler o texto que você escreveu sobre o histórico da empresa, verifique se consegue encontrar, no próprio texto, as respostas para as seguintes perguntas:

- Qual é a forma jurídica da empresa? Por que essa forma foi escolhida?
- Qual é o ramo de atividade da empresa?
- Qual é o nome fantasia da empresa?
- Quais marcas a empresa comercializa? Elas estão registradas no INPI? Sob qual número?
- Qual é o capital social integralizado? E a integralizar?
- Qual é o número do CNPJ, o CNAE, o número da Inscrição Estadual e o número da Inscrição Municipal da empresa?
- Como é a composição societária da empresa?
- Quais as qualificações profissionais dos sócios?
- Quais impostos incidem sobre a operação da empresa?
- Qual é o sistema tributário escolhido? Por que esse sistema foi escolhido?
- Como são distribuídos os lucros da empresa? Está previsto no Contrato Social?
- Como são distribuídas as responsabilidades pelas perdas? Está previsto no Contrato Social?
- Se forem necessários aportes de capital por parte dos sócios, como isso poderá ser realizado? Está previsto no Contrato Social?
- Quais são as regras para saídas de sócios da empresa? Está previsto no Contrato Social?
- Por que o local da instalação da empresa foi escolhido? Outros locais foram preteridos? Por quê?

- Quais as facilidades disponíveis no local de instalação da empresa?
- Se o local de instalação for alugado, qual o valor do aluguel e qual o tempo de duração do contrato?
- Se o imóvel for propriedade da empresa (adquirido de terceiros ou construído), qual o valor do investimento? Em que época foi adquirido ou construído?
- Como é a vizinhança do local de instalação da empresa (residencial, comercial, industrial ou agrícola)?
- Quais foram os critérios de escolha para o local de instalação da empresa?
- Existe espaço para expansão, se necessário? Qual é a área desse espaço?
- As construções da região são bem conservadas ou estão se deteriorando? O prédio está bem conservado ou necessita de reformas?
- A região possui outras empresas que atuam no mesmo ramo de negócios?
- Quais órgãos públicos aprovam o local?
- A empresa utiliza serviços de contabilidade externos? Qual empresa fornece esse tipo de serviço? Como a qualidade dos serviços é avaliada?
- Quais relatórios contábeis a empresa utiliza para a tomada de decisões?
- Como a empresa mantém seus registros contábeis?
- Como a empresa arquiva seus documentos legais? Como eles são identificados e rastreados?
- Como a empresa verifica se o que foi orçado é efetivamente o que o cliente está pedindo?

- Como a empresa verifica se o que foi comprado é efetivamente o que o fornecedor está entregando?
- Que tipos de seguros dão cobertura para o patrimônio da empresa? Existe algum patrimônio sem cobertura de seguro? Qual?
- Quais as seguradoras utilizadas? Quais os prazos de validade dos contratos com as seguradoras?
- Como a empresa protege ou protegerá suas pesquisas para desenvolvimento de novos produtos ou novos processos?
- Como a empresa protege ou protegerá sua carteira de clientes?
- Existem áreas de exposição a riscos por parte dos empregados? Quais?
- Como a empresa trata a segurança de seus empregados? Existe algum programa? Existe algum engenheiro/técnico de segurança do trabalho responsável? Que tipos de EPI (equipamentos de proteção individual) a empresa oferece aos seus empregados?
- Os produtos e processos da empresa estão patenteados?

Estrutura gerencial

ATENÇÃO: aqui você deve explicar por que os sócios foram escolhidos.

Esta é uma das partes mais importantes do Plano de Negócios. Ao escrever um Plano de Negócios para convencer um investidor de risco, esse investidor certamente verificará se você ou sua equipe de trabalho possui capacidade de gerenciamento do empreendimento.

Nessa fase de elaboração do Plano de Negócios, você deve demonstrar o quanto conhece de si mesmo, da sua empresa e do mercado no qual a oportunidade de negócio se insere.

Elementos que permitam analisar o seu perfil empreendedor devem ser apresentados, ressaltando principalmente as dez características do comportamento empreendedor, amplamente divulgadas em bibliografias consideradas essenciais para o sucesso de empreendimentos.

Deve-se elaborar, também, a Matriz de Responsabilidades da empresa, com as pessoas-chave da empresa; essa informação deve ser apresentada por meio de uma tabela que contenha mais informações a respeito dessas pessoas. Pode-se utilizar a Tabela 5 para facilitar a organização e a elaboração da Matriz de Responsabilidades.

Tabela 5 – Matriz de responsabilidades

Nome	Cargo/Função	Responsabilidades

Você deve apresentar, ainda, um organograma funcional da empresa, em forma gráfica, que especifique sobretudo as relações hierárquicas e os níveis de tomada de decisão. Escolha, dentre os modelos apresentados na Tabela 6 e ilustrados com organogramas a seguir, o mais adequado à sua empresa.

Tabela 6 – Tipos de estruturas existentes		
Tipos de estrutura	**Vantagens**	**Desvantagens**
Funcional	Uso eficiente do pessoal técnico Transferência de tecnologia Crescimento técnico Estabilidade	Comunicação horizontal Fraca interface Fraca autoridade no projeto Fluxo de trabalho mais lento
Projetizada	Bom controle de custos Rápida reação do time Comunicação fácil Treinamento direcionado a projetos	Incerteza na direção técnica Uso ineficiente de especialistas Fraca troca de informações com outros projetos
Matricial	Autoridade e responsabilidade compartilhadas Políticas e procedimentos para cada projeto Respostas rápidas Comunicação vertical, horizontal e diagonal	Mais responsabilidade que autoridade Dificuldade de monitoramento e controle Multiplicidade no comando Dificuldade de priorização de tarefas por parte do grupo

1. Organograma funcional

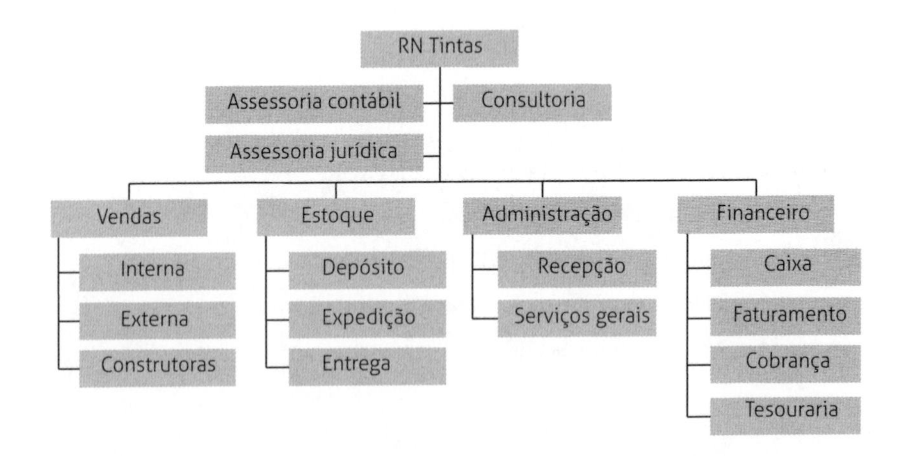

2. Organograma projetizado

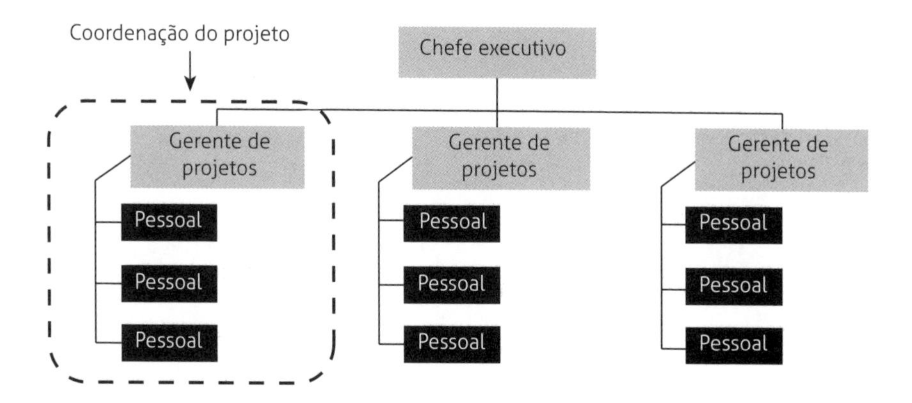

Obs.: as caixas pretas representam os funcionários alocados em atividades de projetos.

3. Organograma matricial

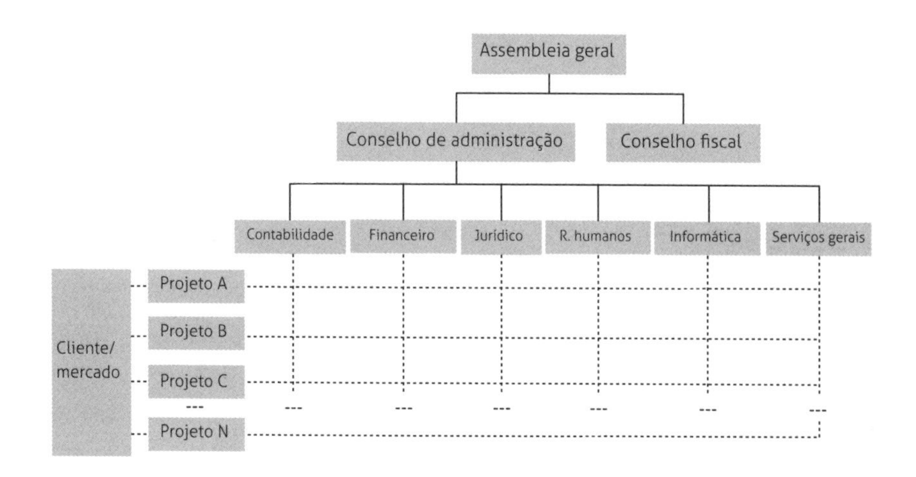

Depois de ler o texto que você escreveu sobre a estrutura gerencial da empresa, verifique se consegue encontrar, no próprio texto, as respostas para as seguintes perguntas:

- Quais são as principais habilidades das pessoas-chave da empresa?
- Quais são as principais características exigidas para as atividades-chave da empresa?
- Quais as metas específicas das atividades-chave?
- Quais os critérios utilizados para escolher as pessoas que ocupam as posições-chave na empresa?
- Como as pessoas-chave comprovaram atender aos requisitos de cada atividade-chave por elas exercida?
- O organograma da empresa é de fácil compreensão?

PARA REFLETIR

1. Ultimamente, os especialistas consideram como o melhor organograma aquele em que a base da pirâmide hierárquica fica em contato com o cliente. Você pode explicar essa nova configuração?
2. O que acontece com as pessoas que utilizam exageradamente as suas características comportamentais empreendedoras?

AULA 4

PLANEJAMENTO ESTRATÉGICO

OBJETIVOS DESTA AULA

- Demonstrar como planejar o futuro da sua empresa;
- desenvolver metas, objetivos e estratégias que garantam a sobrevivência da sua empresa a longo prazo.

Bem, vamos à aula!

Provavelmente, você já ouviu a célebre frase atribuída ao filósofo grego Sêneca: "Para um navio que não sabe a que porto vai, qualquer vento lhe será favorável". Pois saiba que não fazer o Planejamento Estratégico da empresa, achando que ele deve ser feito apenas para empresas grandes, é estar correndo o sério risco de pilotar uma nau sem leme, e pior, no meio de uma tormenta.

Aproveite este momento para pensar no futuro da sua empresa.

Para entender melhor a importância do Planejamento Estratégico para uma empresa, vou contar rapidamente a história da IBM:

Quadro 1 – Caso da IBM

Na década de 1960, um ex-presidente da IBM disse que, no ano 2000, existiriam apenas 5 grandes computadores no mundo e que a IBM controlaria os 5 computadores. A empresa trabalhou durante quase 40 anos adotando essa visão de futuro e investindo pesadamente no desenvolvimento e fabricação de mainframes. *Quando o Computador Pessoal foi desenvolvido, seus idealizadores apresentaram o projeto para a IBM, na época a empresa número 1 do mundo. A resposta dos executivos da IBM foi, simplesmente: o que alguém vai fazer com um computador pessoal, sendo que no ano 2000 existirão somente 5 grandes computadores no mundo?*

Essa visão equivocada de futuro custou à IBM a liderança mundial na fabricação de computadores, a tal ponto que, atualmente, a empresa não aparece mais em uma lista das 30 maiores companhias do mundo, pois quando seus executivos decidiram entrar no mercado de microcomputadores, outros concorrentes mais ágeis já tinham entrado nesse mercado e passaram a dominá-lo.

A IBM perdeu espaço e foi obrigada a reestruturar-se inteiramente.

MORAL DA HISTÓRIA: todo empreendedor precisa estar preocupado com o futuro da sua empresa, e fazer o planejamento estratégico é condição única para expressar essa preocupação.

Definição do negócio

Um dos pontos fundamentais do Planejamento Estratégico é a definição do tipo de negócio. Deve-se descrever a forma como a empresa faz negócios com seus clientes. Se ela atuar em mais de um segmento de mercado, indica-se descrever minuciosamente como se comporta em cada um desses segmentos, inclusive como se articula internamente para atuar com políticas e estratégias particulares de cada segmento.

Qual é o negócio da sua empresa?

Deve-se explicitar qual é o principal diferencial que a empresa oferece ao seu público-alvo, bem como outras vantagens adicionais que porventura façam parte do escopo do negócio.

Evite comparações com os concorrentes, procurando ater-se somente aos negócios da sua empresa.

O Planejamento Estratégico é um exercício no qual você conhece a si mesmo, a sua empresa e o seu mercado de atuação. No exemplo abaixo, está a definição do negócio da "Cacau dos Deuses", uma empresa de conformados de chocolate, instalada na Incubadora de Limeira:

Quadro 2 – Cacau dos Deuses

A Cacau dos Deuses *atua na fabricação e comercialização de produtos alimentícios conformados de chocolate à base de cacau. A empresa utiliza uma rede de lojas de varejo franqueadas, instaladas em pontos comerciais de alta representatividade para a distribuição de seus produtos, especialmente aqueles instalados em* shopping centers.

Visão

Como a sua empresa será no futuro?

A visão da empresa representa as aspirações futuras, ou seja, como a empresa gostaria de ser vista pela sociedade em 15 ou 20 anos.

A declaração de visão não está ligada aos produtos e serviços da empresa, mas às suas aspirações maiores. Deve-se evitar fazer referências aos parâmetros financeiros da empresa, mas procurar transmitir um conceito filosófico orientador. No exemplo a seguir, mostra-se a visão da empresa Terra Azul, uma fabricante de resinas instalada na Incubadora de Limeira.

Quadro 3 – Visão da Terra Azul

Ter a marca reconhecida por excelência e qualidade que encanta os clientes do setor de resinas para revestimentos de superfícies expostas à ultracorrosão, por sua resistência e durabilidade.

Missão

Qual é a razão da existência de sua empresa?

O objetivo da missão é fazer pensar em como a empresa irá se relacionar com os clientes, os parceiros e os acionistas. A missão deve expressar os valores da empresa e mostrar como ela vê sua contribuição para a sociedade. Deve ser o guia da empresa no momento de uma tomada de decisão ou de efetuar as escolhas estratégicas. A empresa jamais deve tomar decisões que contrariem sua missão, sob pena de perder o foco, e talvez ter até de fechar as portas.

A missão deve manter todos os integrantes da empresa unidos em torno de um único ideal, atuando como força motivadora e propósito final de todas as pessoas que trabalham para o êxito da empresa. Desse modo, deve-se ter cuidado especial para que a missão não fique genérica demais, ou seja, se a missão tiver muitos objetivos, não será específica em nada e perderá sua força de aglutinação e organização. No exemplo a seguir, é apresentada a visão da empresa Hares, uma fabricante de essências instalada na Incubadora de Limeira.

Quadro 4 – Visão da Hares

Ser uma empresa com qualidade no estado da arte em perfumaria, que encante os clientes que buscam excelência na fragrância e prazer na utilização, com compromisso social e gerando lucros que permitam retorno para os acionistas e reinvestimento no empreendimento.

Depois de ler o texto que você escreveu sobre a definição do negócio, a visão e a missão, verifique se você consegue encontrar, no próprio texto, as respostas para as seguintes perguntas:

- Em quais áreas de negócios a empresa atua?
- Qual a origem do produto ou serviço que a empresa está oferecendo? Existe alguma região no país ou no mundo em que o produto está fazendo sucesso?
- Quais produtos e serviços podem ser substituídos pelos produtos e serviços oferecidos pela empresa? Quais as vantagens para o público-alvo ou para a sociedade?
- Como os produtos ou serviços são comercializados? Qual é o modelo de distribuição física?
- Existe alguma legislação que favorece a atuação da empresa no mercado? Ou existe legislação contrária à forma de fazer negócio ou aos produtos e serviços da empresa?

- Qual é o negócio da empresa?
- Como suas ações devem ser vistas pela sociedade?
- O que a empresa pretende ser no futuro?
- Qual a maior contribuição da empresa para a sociedade?
- Quais as necessidades e expectativas dos clientes? Como isso pode ser adequadamente mencionado na missão?
- Quais os propósitos fundamentais da empresa, em que clientes, parceiros, colaboradores e sociedade estão declarados?
- Que direção a empresa deve seguir?
- Quais os setores de atividade da empresa?
- Quais os valores fundamentais da empresa?
- Quais as oportunidades de negócios onde a empresa está inserida?

Cadeia de valores

ATENÇÃO: aqui você deve descrever como a sua empresa gera valor para o cliente.

A sua empresa terá ou não sucesso dependendo do valor que seus clientes atribuírem aos seus produtos. Valor é a quantidade monetária que os clientes estão dispostos a pagar para adquirir determinado produto.

A cadeia de valores de uma empresa é representada pelo conjunto de atividades em que o valor é gerado ou pelas atividades que os clientes valorizam. A empresa precisa conhecer com profundidade essas atividades, pois, nos processos de reestruturação, serão elas que darão sustentação às demais. É por meio da cadeia de valores que uma empresa obtém a "Vantagem Competitiva", por isso, defini-la é um ponto fundamental em uma visão de processos.

A melhor forma de apresentar a cadeia de valores é por meio de representação gráfica, como na figura a seguir:

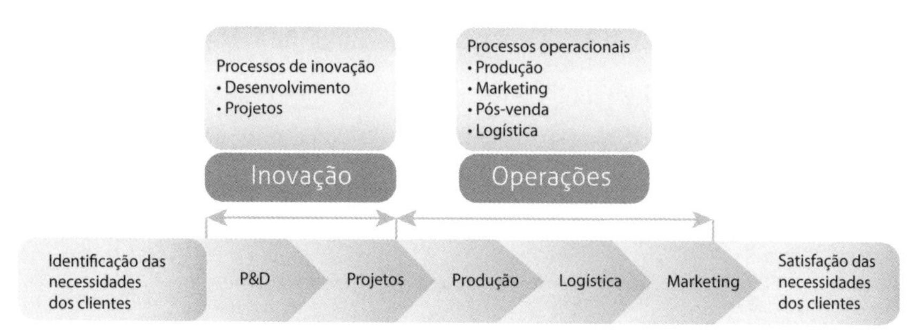

P&D: pesquisa e desenvolvimento.

Uma empresa pode desenvolver pelo menos cinco atividades primárias básicas que compõem sua cadeia de valores, dentre as quais: logística interna, operações, logística externa, marketing e vendas, serviços, desenvolvimento de tecnologia, gerência de recursos humanos e infraestrutura da empresa.

As empresas que operam em mercados competitivos e em constante mudança devem destacar a "inovação" em sua cadeia de valores, enquanto empresas que atuam em mercados estáveis e com ciclo de vida de produtos mais longos devem destacar a função, a produção ou as operações. No exemplo a seguir, é apresentada a cadeia de valores da empresa Inotech, uma fabricante de equipamentos para automação industrial instalada na Incubadora de Itu.

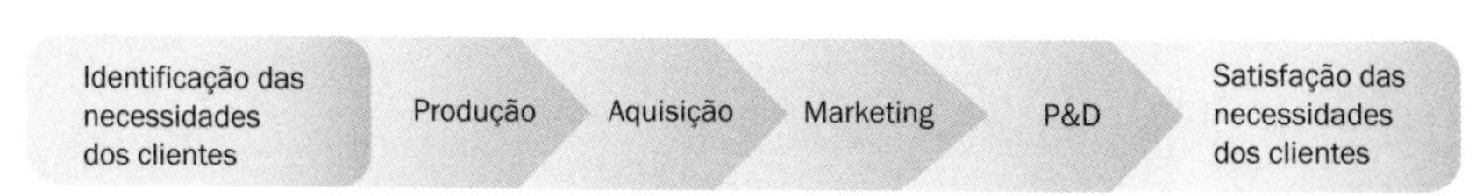

P&D: pesquisa e desenvolvimento.

Competências essenciais

As competências essenciais são habilidades que as empresas possuem ou devem possuir para transformar as atividades fundamentais da cadeia de valores em benefícios para o clien-

ATENÇÃO: descreva como a sua empresa obtém vantagem competitiva.

te, obtendo, dessa forma, uma enorme vantagem competitiva. Existem habilidades que não são consideradas competências essenciais por não estarem situadas no coração do processo de criação e implementação de oportunidades de negócios.

Para identificar as competências essenciais da sua empresa, devem-se observar os seguintes parâmetros:

- valor percebido pelo cliente: uma competência essencial precisa dar uma contribuição muito maior que a esperada para o valor percebido pelo cliente;
- diferenciação entre os concorrentes: para ser uma competência essencial, uma habilidade precisa ser competitivamente única. Não pode ser copiada facilmente pelos concorrentes;
- capacidade de expansão: uma competência essencial deve permitir que a empresa imagine uma gama de novos produtos e serviços, gerados a partir dela.

No exemplo a seguir, são mostradas as competências essenciais da empresa Embraseal, uma fabricante de selos mecânicos, instalada na Incubadora de Itu.

Quadro 5 – Competências da Embraseal

Assistência técnica pós-venda: o cliente valoriza sobremaneira a assistência técnica customizada pós-venda, pois é muito comum ele adquirir o produto em uma loja de peças e ferramentas e depois ter dificuldade para montá-lo no equipamento.

Qualidade do acabamento: a vida útil do selo mecânico está ligada diretamente ao acabamento das superfícies de vedação.

Presteza no atendimento: o cliente valoriza o fornecedor que faz visitas técnicas regulares e se torna parte da solução do problema.

Fatores críticos de sucesso

Um fator crítico de sucesso é uma atividade que a empresa necessita fazer de forma impecável, sob o risco de ter seu negócio ameaçado. Assim, para uma escola, por exemplo, são fatores críticos de sucesso a qualidade e a capacitação dos seus professores, pois, se não houver qualidade nessas atividades, de nada adiantará bibliotecas modernas ou laboratórios equipados, e em pouco tempo a escola pode ter problemas.

ATENÇÃO: aqui você deve descrever as atividades-chave da sua empresa.

Fatores críticos de sucesso é algo que não pode falhar, mesmo em detrimento do que não esteja indo a contento, para que a empresa consiga atingir seus objetivos executivos, estratégicos ou táticos, e garantir o sucesso.

No exemplo a seguir, apresentam-se os fatores críticos de sucesso da empresa Empromec, uma fabricante de equipamentos odontológicos, instalada na Incubadora de Mococa.

Quadro 6 – Fatores críticos de sucesso da Empromec

Qualidade e desempenho dos produtos – os clientes devem procurar naturalmente a Empromec por ser referência de qualidade nos produtos fabricados. A maior parte desse sucesso vem da propaganda boca a boca entre os clientes diretos. Um amplo portfólio de serviços prestados pode ser um diferencial competitivo importante.

Inovação tecnológica – a fim de manter a qualidade dos seus produtos e serviços e o encantamento dos clientes, a Empromec deve estar atualizada a respeito das tecnologias pertinentes ao setor, buscando sempre aperfeiçoar e qualificar a sua mão de obra, internamente ou em instituições específicas.

Cumprimento dos prazos de entrega – a credibilidade da Empromec está vinculada especificamente ao cumprimento dos prazos de entrega. Para tanto, fortes sistemas de controle e planejamento devem ser utilizados.

Análise estratégica

ATENÇÃO: é importante descrever o macroambiente e o microambiente em que sua empresa irá fazer negócios.

A análise estratégica prevê a busca de informações sobre o cenário econômico, tanto no cenário macroeconômico, que envolve tendências de desenvolvimento global e nacional, como no cenário microeconômico, que indica o número de clientes potenciais instalados em uma determinada região.

É importante desenvolver uma classificação dos dados obtidos entre aqueles que pertencem a um cenário macroeconômico – ou seja, afetam a economia de forma geral –, como PIB, inflação, crescimento da renda, número de empresas instaladas, etc., e aqueles que pertencem a um cenário microeconômico – ou seja, afetam somente o segmento de mercado no qual a empresa faz negócios.

Ainda não se trata de uma pesquisa de mercado, mas da identificação de informações secundárias a respeito do mercado no qual a empresa está inserida, que servirão para que sejam definidas estratégias, objetivos e metas.

No exemplo a seguir, mostra-se a análise do macroambiente da empresa Mendes Luthieria, uma fabricante de instrumentos musicais instalada na Incubadora de Mococa no ano de 2009:

Quadro 7 – Análise do macroambiente da Mendes Luthieria

Negócios focados nas questões relativas à qualidade de vida e ao lazer estão em alta junto à sociedade, e nesse quadro se inclui a fabricação de instrumentos musicais, tanto para uso profissional quanto para "hobby". *Uma prova disso é fazer uma busca rápida no* site *www.google.com.br, utilizando a frase "instrumentos musicais" como palavra-chave; obtêm-se, em segundos, mais de 21.000.000 de referências.*

Empresas que operam negócios voltados à fabricação e comercialização de equipamentos para fins musicais ganham destaque diariamente nos meios de comunicação, sem contar o número de edições de revistas especializadas no assunto.

A Abemúsica – Associação Brasileira da Música, promotora da Expomusic, a maior feira de instrumentos musicais e acessórios da América Latina, observa que, entre as edições de 2008 e 2009, a área de expositores foi ampliada em 3.000 m², para acomodar 20% mais expositores, em um evento que recebeu mais de 40.000 visitantes, entre músicos e empresários do setor varejista.

Grandes oportunidades podem também ser encontradas no mercado exterior, no qual as exportações brasileiras de instrumentos musicais vêm crescendo 15% ao ano desde agosto de 2006, com destaque para os instrumentos de percussão e corda.

Ainda no mercado interno, a procura por instrumentos musicais ampliou suas vendas de forma considerável entre as grandes empresas, e os produtos da Mendes Luthieria apresentam-se como uma alternativa promissora.

No exemplo a seguir, a análise do microambiente da mesma empresa:

Quadro 8 – Análise do microambiente da Mendes Luthieria

A Mendes Luthieria *instalou sua empresa na Incubadora de Empresas de Mococa, na cidade de Mococa/SP, para poder contar com o apoio no desenvolvimento do negócio proporcionado pela instituição, nos anos iniciais da atividade, além de privilegiar sua posição logística estratégica frente aos concorrentes mais próximos.*

A cidade de Mococa é caracterizada por intensas mudanças no perfil das suas forças produtivas, conforme revelado na identificação do perfil econômico do município. É fundamental a criação de condições para que empreendedores locais possam contar com o apoio dos setores organizados da sociedade, o que potencializa as atividades produtivas. Isso faz com que novos atores possam estar no jogo moderno por meio do aprendizado, que está associado a um processo cumulativo no qual as empresas ampliam seus conhecimentos, aperfeiçoam seus procedimentos de busca e refinam suas habilidades em desenvolver, produzir e comercializar bens e serviços. Desse modo, obtêm aumento de sua eficiência produtiva, maior dinamismo da inovação e maior capacidade de coordenação de suas decisões estratégicas, sendo, consequentemente, contribuintes do processo de modernização e desenvolvimento econômico e social.

O município de Mococa, constituído pela Sede da Comarca, Cidade de Mococa e pelos Distritos de São Benedito das Areias e Igaraí, pertence à microrregião 244 do Estado de São Paulo. Localizado a Noroeste do Estado, na bacia hidrográfica do Rio Pardo, marca o limite entre os Estados de Minas Gerais e São Paulo, envolvendo pelas suas pontas setentrionais uma área mineira em confronto com os municípios de Arceburgo, Monte Santo de Minas e Guaranésia. Em território paulista, limita-se com os Municípios de Tapiratiba, São José do Rio Pardo, Casa Branca, Tambaú, Cajuru e Cássia dos Coqueiros, estendendo-se por uma área de 861 km^2, correspondendo a 0,33% do Estado de São Paulo.

Situada a 640 metros acima do nível do mar, na parte sul da zona tropical da Terra, a cidade de Mococa apresenta um clima característico de estação quente, por possuir um relevo de altitudes modestas, com temperaturas médias de 34°C para máximas e 16°C para mínimas.

A cidade tem 65.530 habitantes, composta por 33.056 do sexo masculino e 32.474 do sexo feminino. Com uma densidade populacional de 76,73 hab/km² e taxa de crescimento de 0,67% ao ano, a população se encontra geograficamente distribuída em 57.255 pessoas na zona urbana e 8.275 na zona rural.

Mococa encontra-se a uma distância de 270 km da capital do Estado e a 342 km do porto de Santos, tendo como principais rodovias de acesso para a capital a Anhanguera SP-330, a Bandeirantes SP-348 e a SP-340, todas com pista dupla.

O município de Mococa caracteriza-se por possuir ampla atividade agrícola (café, cana-de-açúcar, laranja, algodão) e pecuária (leite), e seu Parque Industrial, que abriga indústrias de vários tipos, é um dos maiores da região.

Mococa possui três áreas destinadas à instalação de atividades industriais: a primeira, já totalmente ocupada, denomina-se Distrito Industrial I e localiza-se na saída da cidade, no sentido do Estado de Minas Gerais. A segunda, o Distrito Industrial II "Dr. Ruy Vieira Barretto", situa-se ao lado da rodovia SP-340, que liga Mococa a Campinas, e possui área total de 1.363.547,09 m², divididos em 15 quadras, dispondo de infraestrutura e espaço disponível para a instalação de indústrias de variados portes e atividades, principalmente as que deixarão o núcleo após o período de incubação. O Distrito Industrial III, localizado na entrada da cidade de Mococa, ao lado da rodovia SP-340, encontra-se em fase final de urbanização.

O alto grau de comprometimento dos parceiros Sebrae-SP, Prefeitura Municipal e Funvic – voltados ao Programa Incubadora –, o interesse da comunidade local no crescimento do Parque Industrial da cidade e a ampla divulgação do Projeto junto às instituições geradoras de empreendedorismo, como faculdades, escolas técnicas, sindicatos e associações de classes, estimulam o espírito empreendedor da comunidade.

A taxa média de crescimento populacional do município de Mococa foi de 0,67% ao ano, no período entre 1996 e 2000, de acordo com dados fornecidos pelo IBGE, o que gera constante necessidade de novos postos de trabalho e renda. Segundo o diagnóstico do Proder (Programa de Emprego e Renda) para o município de Mococa, considera-se de alta relevância o fortalecimento da expansão das empresas produtoras de calçados populares e artefatos de couro no município. Essa tendência vem sendo confirmada, pois cinco empresas industriais do ramo calçadista popular e de artefatos de couro já estiveram em operação na Incubadora de Empresas de Mococa.

Matriz SWOT

A Matriz SWOT é um dos principais instrumentos de análise estratégica, e tem o objetivo de auxiliá-lo na identificação de pontos fortes e pontos fracos da sua empresa, assim como identificar as oportunidades e as ameaças.

Para desenvolver a Matriz SWOT, deve-se dividir um quadrado em quatro quadrantes e alocar, em cada um dos eixos (horizontal e vertical), os fatores que podem influenciar o desempenho estratégico da sua empresa, observando as seguintes definições:

- pontos fortes: são as características da sua empresa ou suas características (do empreendedor), que podem ser transformadas em vantagens competitivas perante os concorrentes ou facilitar para que a empresa atinja seus objetivos. Como exemplos, podem-se citar: atendimento personalizado ao cliente, preço de venda competitivo, motivação da equipe de trabalho, localização da empresa, etc.;
- pontos fracos: são situações internas da própria empresa, que a colocam em desvantagem perante a concorrência ou

prejudicam sua atuação no mercado, como o desconhecimento do mercado ou a falta de experiência no ramo, custos elevados, falta de qualificação dos funcionários, etc.;

- oportunidades: são indicações do ambiente externo que podem facilitar a consecução dos objetivos da empresa ou permitem melhoria de sua participação no mercado. Como exemplos, podem-se citar poucos concorrentes na região, disponibilidade de financiamentos, aumento da demanda e segmento de mercado em crescimento, etc.;
- ameaças: são situações negativas provenientes do ambiente externo e sobre as quais a empresa tem pouco ou nenhum controle. As ameaças podem colocar a empresa em situações adversas, o que ocasiona perda de mercado ou redução da lucratividade. Dentre as possíveis ameaças, podem-se citar os impostos elevados e a legislação rigorosa, a escassez de mão de obra qualificada, os poucos fornecedores, a localização em locais degradados ou em decadência, etc.

Veja na figura abaixo como funciona a Matriz SWOT:

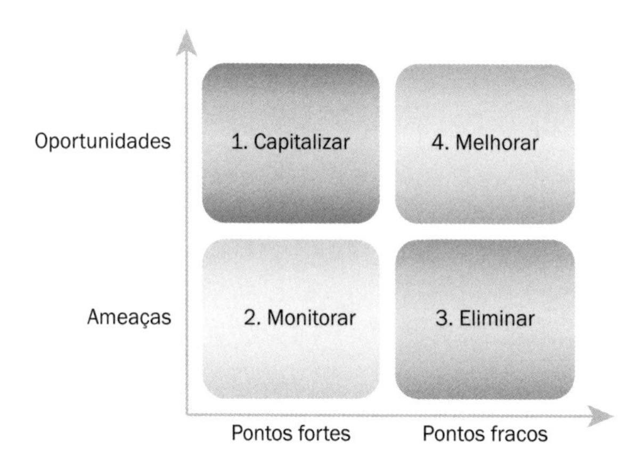

Sempre que você se defrontar com uma oportunidade de negócio que se cruze com os pontos fortes da sua empresa, localizando-se, portanto, no Quadrante 1, deve-se CAPITALIZAR imediatamente essa oportunidade. Por outro lado, as oportunidades que cruzarem com os pontos fracos da sua empresa, localizando-se no Quadrante 4, o obrigará a desenvolver objetivos que possam MELHORAR os pontos fracos antes de investir na oportunidade.

Seguindo o mesmo princípio, as ameaças que se cruzarem com os pontos fortes, localizando-se no Quadrante 2, devem ser MONITORADAS, pois você terá forças para neutralizá-las se de fato elas se efetivarem. Em sequência, as ameaças que cruzarem com os pontos fracos, localizando-se no Quadrante 3, devem ser ELIMINADAS imediatamente, pois, se forem efetivadas, poderão comprometer seriamente o desempenho da sua empresa.

Objetivos e metas

Antes que se definam os objetivos e as metas estratégicas da sua empresa, é necessário que você elabore a Matriz SWOT, e, dessa forma, possa direcionar os objetivos e metas de acordo com o resultado apresentado.

Os objetivos são resultados abrangentes com os quais a empresa assume um compromisso definitivo; a empresa deve estar disposta a comprometer os recursos necessários para alcançar os resultados almejados.

As metas devem sempre se referir a algo tangível, e cada objetivo deve estar suportado por uma ou mais metas. As metas devem ser SMART, ou seja, eSpecíficas, Mensuráveis, Atingíveis, Relevantes e Temporais.

Pratique um pouco, preenchendo os quadros abaixo:

Oportunidades

Ameaças

Pontos fortes

Pontos fracos

Objetivos

Metas

Depois de ler o texto sobre a cadeia de valores, as competências essenciais, os fatores críticos de sucesso, a análise estratégica, a Matriz SWOT e os objetivos e metas da sua empresa, verifique se consegue encontrar nele as respostas para as seguintes perguntas:

- Em quais pontos do processo de negócio o cliente faz questão de pagar mais caro para ter o benefício?
- Em quais pontos do processo de negócio a empresa é diferente dos demais concorrentes, sendo valorizada pelo cliente?
- Em quais pontos a empresa consegue redução de custos significativa ou elevação do desempenho do produto ou serviço?
- Onde a empresa apresenta a maior vantagem competitiva perante seus concorrentes diretos?
- Quais são os principais desafios de negócio da empresa para os próximos 2 anos?
- Sob o ponto de vista do cliente, que conjunto de habilidades e tecnologia da empresa pode ser considerado um benefício para ele?
- O que a empresa oferece (ou deveria oferecer) ao cliente que pode ser considerado por ele fonte de diferenciação?
- Quais habilidades e tecnologia a empresa possui (ou deveria possuir) que não podem ser encontradas em nenhum outro lugar e dificilmente podem ser copiadas?
- Quais atividades da empresa são mais valorizadas pelos clientes?
- De forma geral, quais atividades desse tipo de empresa os clientes mais valorizam?

- A empresa tem completo domínio sobre as atividades valorizadas pelos clientes? Como a empresa pode comprovar isso?
- Se a empresa errar nessas atividades valorizadas pelos clientes, o que poderá acontecer?
- É fácil encontrar pessoas que realizem as atividades valorizadas pelos clientes a contento?
- Existe, como um todo, tendência de desenvolvimento da economia comprovada? Quais os índices de crescimento apontados? Onde esses valores foram pesquisados?
- Existe alguma legislação de aprovação pendente que irá afetar positiva ou negativamente o cenário econômico? Qual é a fonte da informação?
- Quais são os dados econômicos mais representativos para a empresa (PIB, número de empresas instaladas, inflação, etc.)? Qual é o valor desses dados?
- Sobre a região onde a empresa está instalada, existem dados econômicos disponíveis? Quais são os valores desses dados?
- Quais dados econômicos da região influenciam o desempenho da empresa?
- Quais são as entidades de classe mais representativas do setor de mercado? Relacionar onde podem ser encontradas as informações sobre o setor.
- Quais as publicações mais representativas do setor de mercado? Relacionar onde podem ser encontradas as informações sobre o setor.
- Quais os principais *websites* sobre o setor de mercado (do Brasil e do exterior)?

- Elaborar uma resenha com notícias relacionadas ao setor de mercado, publicadas na internet por qualquer *website*.
- As metas são claras e específicas?
- Existem prazos para o cumprimento de todas as metas?
- As metas são consistentes, ou seja, a meta aponta para um único caminho?
- As metas são realistas e partiram de dados concretos do mercado, e não a partir daquilo que seria desejável?
- Os objetivos estão relacionados com a missão da empresa?

PARA REFLETIR

1. Por que muitas empresas não fazem o Planejamento Estratégico?
2. Você acha que capacidade gerencial é um fator decisivo no sucesso de uma empresa?

AULA 5

ANÁLISE DE MERCADO

OBJETIVOS DESTA AULA

- Demonstrar como analisar o mercado no qual você irá atuar, expondo aspectos dos seus concorrentes, clientes e fornecedores;
- analisar os ambientes econômicos para destacar tendências e captar elementos que justifiquem a viabilidade do Plano de Negócios.

Bem, vamos à aula!

As pessoas que procuram uma Incubadora de Empresas, com o objetivo de abrir um negócio, geralmente conhecem muito bem como fabricar o produto ou prestar o serviço. No entanto, não conhecem o mercado e acreditam que, para atrair os clientes, basta abrir as portas do negócio e eles entrarão espontaneamente. Clientes podem trocar de fornecedor; porém, é necessário que o novo fornecedor ofereça alguma van-

Você precisa descobrir o que fará o seu cliente-alvo trocar os produtos do seu concorrente pelos seus.

tagem para que eles efetuem a troca, e essa vantagem tem de partir, necessariamente, de uma análise do comportamento do cliente.

Da mesma maneira, o candidato a empresário não vê necessidade de examinar o comportamento do concorrente. No momento em que o novo negócio é aberto, o concorrente reage, encontrando o novo empresário despreparado para essa reação.

O candidato a empresário, finalmente, não vê necessidade de analisar os fornecedores, desconsiderando o fato de que as primeiras compras podem ser à vista, que concorrentes maiores possuem maior poder de barganha, ou que os fornecedores podem ter contratos de exclusividade com concorrentes que estejam há mais tempo no mercado.

Desse modo, é importante que fiquem evidenciados no Plano de Negócios a razão pela qual a empresa está se instalando na região (análise do microambiente), as tendências que podem influenciar o desempenho da empresa (análise do macroambiente), o perfil de reação dos concorrentes, as políticas e estratégias de mercado dos concorrentes, o comportamento dos clientes e os fatores decisivos de compra e a capacidade de atendimento dos fornecedores.

Clientes

DICA: os clientes são a razão de ser da sua empresa.

Provavelmente você já ouviu a expressão "os clientes são a parte mais importante de qualquer negócio". Quem disse isso tinha razão. Os clientes realmente são a razão da existência de uma empresa. Por isso, fazer uma análise dos clientes é a parte mais importante de um Plano de Negócios. É nesse momento que você sentirá se o negócio tem perspectiva de progresso.

Antes de arregaçar as mangas e partir para uma pesquisa de mercado, é preciso fazer uma avaliação sobre o segmento de mercado em que se pretende atuar, identificar como se pretende atuar nesse segmento e verificar se existem outras áreas, além da principal, nas quais a oportunidade de negócio pode ser explorada.

Tabela 1 – Exemplo de estudo de aplicação para "purificadores de gases"

Área	Aplicação	Exemplo
Indústria alimentícia	Purificação de óleos, clarificação de glucose, açúcar e gelatinas	Fabricantes de óleos vegetais, de açúcar
Indústria de bebidas	Purificação de destilados, clarificação de vinho e sucos	Fabricante de refrigerantes, vinhos, sucos
Indústria farmacêutica	Purificação dos insumos na fabricação de antibióticos e analgésicos	Laboratórios fabricantes de antibióticos, desintoxicantes
Indústria química	Processamento de subprodutos que comprometem a qualidade do processo, como purificação de plastificantes, ácidos, glicerinas	Indústria petrolífera, indústrias de plásticos
Tratamento de ar	Purificação do ar, utilização em máscaras de proteção e filtros industriais, purificação de ar comprimido	Fabricantes de ar--condicionado, depuradores
Tratamento de água	Purificação de água para fins potáveis ou industriais, remoção de cor, odor, mau gosto e substâncias orgânicas, remoção de inseticidas	Companhias de água e esgoto estaduais, fabricantes de filtros
Processamento de gases	Purificação do ar e de gases, recuperação de solventes	Indústria têxtil, fabricantes de gases industriais
Catálise	Suporte catalítico na produção, tratamento de gasolina, dessulfurização do gás natural	Indústria petrolífera e de outros combustíveis
Tratamento de efluentes	Tratamento de efluentes industriais	Estações de tratamento de efluentes industriais

Existem dois tipos de clientes: empresas (clientes corporativos) e consumidores (indivíduos). Ambos compram por necessidade; porém, os consumidores compram também pelo desejo de posse. Desse modo, em primeiro lugar, é necessário definir qual tipo de cliente se pretende atender. Em alguns casos, é possível atender os dois tipos; entretanto, sua empresa necessitará de estruturas ou marcas de produtos diferentes para proceder dessa forma.

Depois de analisar como será seu mercado, tanto primário quanto secundário, necessita-se analisar e detalhar o comportamento de seus clientes dentro desse mercado. É preciso elaborar uma pesquisa de mercado ou uma sondagem.

Não importa se seu cliente é pessoa física ou jurídica; procure identificar os seguintes dados sobre gostos, costumes, hábitos e estilo de vida:

1. Características gerais:

- Pessoas físicas:
  - faixa etária;
  - sexo;
  - tamanho da família;
  - com o que trabalha;
  - quanto ganha;
  - grau de escolaridade;
  - onde mora.
- Pessoas jurídicas (outras empresas):
  - ramo de atuação;
  - que tipo de produtos ou serviços oferecem;
  - número de empregados;

- tempo de atuação no mercado;
- capacidade de compra;
- formas de pagamento;
- possuem filial? Onde?
- porte;
- imagem no mercado.

2. Interesses e comportamento dos clientes:

- Qual a quantidade de produtos que costumam comprar por vez?
- Qual a frequência de compra?
- Preço que costumam pagar por produtos semelhantes.

3. Como o cliente decide pela compra:

- Preço;
- Qualidade;
- Marca;
- Prazo de entrega;
- Prazo de pagamento;
- Atendimento;
- Serviço pós-venda;
- Garantia.

4. Localização dos clientes:

- Tamanho do mercado (quantos clientes potenciais existem);
- Região (rua, bairro, cidade, estado, país, etc.) onde estão concentrados;
- Eles poderão encontrar sua empresa com facilidade?
- Lugares que os clientes costumam frequentar.

Após reunir essas informações a respeito dos seus clientes potenciais, você terá dados valiosos para fazer uma previsão de vendas. Não é necessário entrevistar muitos clientes, basta identificar os hábitos e costumes de alguns e projetar os dados para a quantidade de clientes que se comportam da mesma forma. Essa informação pode ser encontrada no *site* do IBGE (www.ibge.gov.br).

É aconselhável desenvolver uma tabela que classifique os dados obtidos com a pesquisa, para facilitar a consulta. Abaixo, seguem alguns exemplos:

Tabela 2 – Análise do perfil dos clientes: empresas

Clientes	Porte	Ramo de atuação	Faturamento	Volume de compras	Tempo de mercado	Decisão de compra

Tabela 3 – Análise do perfil dos clientes: consumidores

Faixa etária	Sexo	Onde moram?	Classe social	Onde compram?	Quantos existem?	Quanto gastam?	Como compram?

É aconselhável que seja elaborada uma tabela, utilizando o modelo abaixo, para indicar as exigências identificadas nos seus clientes. Isso tornará seu trabalho mais organizado e fácil de entender. Atribua notas de 1 a 5 para cada um dos quesitos analisados e exigidos pelos seus clientes. Procure posicionar-se no lugar dele, atribuindo as mesmas notas para os seus produtos. Ao final, você terá um panorama interessante sobre como seus clientes se comportam, comparados com o seu próprio comportamento. Por outro lado, terá como identificar os pontos de exigência dos clientes que não estão sendo atendidos pelos concorrentes.

Tabela 4 – Análise das exigências dos clientes

Quesitos analisados e exigidos	Cliente A	Cliente B	Cliente C	Cliente D	Cliente E
1. Valor que está pagando					
2. Exigências de qualidade					
3. Prazo de entrega					
4. Tempo de garantia solicitado					
5. Condições de pagamento					
6. Potencial de compra por mês					
7. Política de compras					
8. Segmento de mercado					
9. Participação no mercado (%)					
10. Demanda ambiental					
11. Relacionamento com fornecedores					
12. Tecnologia necessária					
13. Reputação entre os fornecedores					
14. Documentação exigida					
15. Localização					

Lembre-se que é impossível agradar a todo mundo. Escolha apenas uma parte do mercado, um grupo de pessoas ou empresas com características parecidas para serem atendidos, e procure centrar seu foco de atuação nesse grupo. Os especialistas chamam isso de "nicho de mercado", e é importante procurar ser o líder do seu nicho de mercado.

Como saber se a sua empresa é viável?

Sua empresa somente será viável se tiver clientes em quantidade suficiente que proporcione capacidade de produção para atendê-los e poder de compra para cobrir despesas e gerar lucros acima das taxas de juros pagas pelas aplicações no mercado financeiro.

Depois de ler o texto ou a tabela que você preencheu, que aborda a análise dos clientes da sua empresa, verifique se consegue encontrar, nas informações que obteve, as respostas para as seguintes perguntas:

- Qual a principal aplicação do produto, processo ou serviço, resultante da oportunidade de negócios? Em que mercado ela se insere?
- Quais as principais características dos mercados potenciais?
- Como funciona o segmento de mercado no qual a oportunidade de negócio será explorada?
- Quem são os usuários potenciais? Qual o perfil da demanda?
- Para quais mercados/clientes a oportunidade de negócio está mais bem posicionada?
- Quais são as barreiras para a entrada no mercado da solução proposta pela oportunidade?

- O que pode ser feito para transpor as barreiras? Quais recursos são necessários?

Concorrentes

Você sabia que os melhores técnicos de futebol assistem aos jogos dos seus adversários várias vezes com o objetivo de descobrir as falhas para poder explorá-las em um eventual confronto? Se um técnico de futebol faz isso, é interessante agir da mesma forma e observar seus concorrentes, identificando como eles agem, como se posicionam diante das dificuldades, como atendem seus clientes, como se relacionam com o mercado, etc.

DICA: identifique as falhas dos seus concorrentes. Essa é a melhor forma de conquistar os seus clientes.

Em primeiro lugar, é importante compreender que existem concorrentes diretos, ou seja, aqueles que fabricam produtos muito parecidos ou produtos substitutos aos que sua empresa produz. Se você produz chá, por exemplo, serão seus concorrentes não somente todos os outros fabricantes de chá, mas também os fabricantes de café, pois provavelmente ninguém irá consumir café e chá ao mesmo tempo.

Existe também o concorrente indireto, empresas que atuam em um mercado diferente do seu, mas que, por alguma razão, concorre aos mesmos recursos. Podem-se citar, por exemplo, outras empresas instaladas na mesma cidade de sua empresa, que concorrem pelo mesmo contingente de mão de obra.

Para elaborar o Plano de Negócios, deve-se dirigir o foco para os concorrentes diretos. O ideal é observar os concorrentes em função de alguns quesitos, como:

- qualidade dos produtos;
- características dos materiais empregados (cores, tamanhos, embalagem, variedade, etc.);
- preço;
- prazo de entrega;
- garantias oferecidas;
- atendimento;
- formas de pagamento;
- localização do ponto de venda;
- reputação da marca;
- apelo ambiental;
- participação no mercado;
- tecnologia utilizada, etc.

A Tabela 5 pode ser usada como modelo para tabular as informações colhidas dos concorrentes. Isso torna o trabalho mais organizado e fácil de entender. Atribua notas de 1 a 5 para cada um dos quesitos analisados e praticados pelos concorrentes. Procure incluir a sua empresa, atribuindo as mesmas notas para os quesitos. Ao final, você terá um panorama interessante a respeito de como operam os concorrentes, comparados com a sua empresa. Por outro lado, terá como identificar os pontos fracos dos concorrentes e poderá explorá-los como vantagem competitiva.

Tabela 5 – Análise dos concorrentes						
Quesitos analisados e praticados	Concorrente A	Concorrente B	Concorrente C	Concorrente D	Concorrente E	Sua empresa
1. Preços (R$)						
2. Qualidade						
3. Prazo de entrega						
4. Prazo de garantia						
5. Condições de pagamento						
6. Ponto de venda						
7. Política de descontos						
8. Reputação da marca						
9. Participação no mercado (%)						
10. Apelo ambiental						
11. Perfil de reação						
12. Tecnologia utilizada						
13. Tempo de mercado						
14. Nível de concorrência						
15. Política de preços						

Vive-se em uma economia de mercado; a concorrência deve ser vista como uma situação favorável. Bons concorrentes servem de parâmetros de comparação para que sua empresa possa melhorar cada vez mais. Bons concorrentes não devem ser vistos como inimigos, mas, sim, como "parceiros".

Depois de ler o texto ou a tabela que você preencheu, que aborda a análise dos concorrentes da sua empresa, verifique se consegue encontrar, nas informações que escreveu, as respostas para as seguintes perguntas:

- Existem outros produtos, já disponíveis no mercado, que possam ser concorrentes diretos à solução proposta pelos seus produtos?
- Quais os critérios de venda utilizados pelos concorrentes?
- Qual a relação custo-benefício de cada produto vendido pelos concorrentes?

- Existe algum produto que o cliente possa utilizar com pequenas adaptações para substituir a solução proposta pelo seu produto? O concorrente indica ao cliente tais adaptações?
- Qual o perfil de reação dos principais concorrentes?

Fornecedores

DICA: trate seus fornecedores como parceiros, e não como inimigos.

Apesar de os fornecedores participarem ativamente das cadeias produtivas de todas as empresas, eles nem sempre são lembrados no momento da análise de mercado. Isso, porém, é um erro quase fatal. Provavelmente, você já ouviu a máxima dos antigos comerciantes: "Vende bem quem compra bem". Anos se passaram e essa frase continua irrefutável. Por isso, é bom visualizar os fornecedores no momento de fazer sua análise de mercado.

Para entender melhor a importância do fornecedor, lembre-se da quantidade de descobertas e invenções que já existiram no mundo, mas que não se transformaram em inovação, isto é, não puderam ser exploradas comercialmente porque os fornecedores não conseguiram atender as expectativas de demanda. O caso mais recente é o "chocolate de cupuaçu", descoberta interessante que apresenta melhor relação custo-benefício ao consumidor quando comparado ao "chocolate de cacau"; apesar disso, os fornecedores de polpa de cupuaçu ainda não possuem produção em alta escala para atender a demanda do mercado, o que inviabiliza, por enquanto, a produção do produto final.

Outra situação contundente, mas não menos complicada para a sua empresa, é a dependência de insumos importados. Nesses casos, seu fluxo financeiro estará atrelado às variações do dólar, de outras moedas-âncora nas negociações internacionais ou às questões alfandegárias e de transporte internacional.

Para entender a importância do fornecedor no seu mercado, analise a figura a seguir, que representa uma cadeia de produção, e procure criar a sua própria cadeia de produção, ressaltando onde sua empresa está localizada.

ATENÇÃO: pratique a negociação ganha-ganha com seus fornecedores.

Fornecedores

- Serviço (financeiro; P&D)
- Transporte de insumos
- Máquinas e equipamentos
- Produtos (fertilizantes e defensivos, insumos industriais)

Agropecuária e silvicultura

- Pecuária
- Lavoura
- Extração vegetal

Processamento industrial

- Usinas
- Laticínios
- Frigoríficos
- Fios/tecidos
- Óleos e farinhas

Distribuição/ comércio

- Atacadistas
- Varejistas
- Armazenadores
- Alimentação comercial

Consumidor

Fornecedores	Fabricantes	Revendedores	Consumidores
■ Madeira - Araupel S.A. - Madeireira B - Madeireira C ■ Produtos químicos - Laboratório A - Laboratório B - Laboratório C	■ Bahia carbon ■ Brasilac ■ Carbomafra ■ Carvorite ■ Brascarbo ■ Bacabal ■ Liz e Oliveira ■ MN ■ Tobasa	■ Laboratórios ■ Representantes	■ Indústrias alimentícias ■ Químicas e petroquímicas ■ Farmacêuticas ■ Indústrias de equipamentos (filtros de água, de ar) ■ Laboratórios ■ Mineradoras ■ Tratamento de efluentes têxteis

Após entender a interação da sua empresa com a cadeia de produção, você está apto a desenvolver uma análise dos seus fornecedores, especialmente os de matéria-prima.

O primeiro passo para uma boa análise é desenvolver uma relação de tudo aquilo que será necessário para sua empresa funcionar: equipamentos, máquinas, móveis, serviços, ferramentas, matérias-primas, insumos, mercadorias, embalagens, etc.

Procure no catálogo telefônico, em revistas especializadas em fornecedores ou na internet empresas capacitadas em fornecer os materiais e equipamentos listados como necessários para o funcionamento da sua empresa. É interessante catalogar pelo menos três fornecedores para cada tipo de material.

Mantenha um cadastro atualizado de fornecedores, com informações como preço, qualidade, prazo de entrega, condições de pagamento, localização, materiais fornecidos, políticas de descontos, porte da empresa, etc. Essas informações serão úteis no momento de calcular os custos de operação da empresa.

Pode-se usar a Tabela 6 como modelo para tabular as informações colhidas dos fornecedores. Isso tornará seu trabalho mais organizado e fácil de entender. Atribua notas de 1 a 5 para a qualidade do fornecimento, facilitando, assim, a escolha no momento de uma nova compra. É interessante fazer uma avaliação quanto à preferência, baseada nos últimos fornecimentos, atribuindo a classificação A, B ou C para cada fornecedor. Evite escolher fornecedores somente pelo preço praticado, pois esse não é o único item importante.

Tabela 6 – Análise dos fornecedores

Material/ insumos	Fornecedor/ dados cadastrais	Porte	Qualidade	Lote mínimo	Classi-ficação	Condições de fornecimento		
						Preço (R$)	Prazo de entrega	Condições de paga-mento

Deve-se ter cuidado especial com o uso de materiais controlados, ou seja, materiais que, por alguma razão, são considerados de uso controlado por algum órgão governamental. Podem-se citar, por exemplo, o uso de materiais explosivos, que é controlado pela Polícia Federal; o uso de produtos químicos, controlado pelas Agências Ambientais e o uso de produtos combustíveis, controlado pela Agência Nacional do Petróleo, etc.

Depois de ler o texto ou a tabela que você preencheu, que aborda a análise dos fornecedores da sua empresa, verifique se consegue encontrar, no conjunto de informações, as respostas para as seguintes perguntas:

- Quais fornecedores serão necessários?
- Quais são os insumos necessários para a produção?
- Qual o custo dos insumos para a produção em larga escala?
- Existem insumos importados? Quais?
- Existem insumos controlados (pela Polícia Federal, por exemplo)? Quais?

PARA REFLETIR

1. Você já ouviu falar em negociação "ganha-ganha"? Como isso funciona na prática?
2. Quais as principais vantagens em tratar o concorrente como "parceiro"? E as desvantagens?

AULA 6

PLANO DE MARKETING

OBJETIVOS DESTA AULA

- Explicar o que é um Plano de Marketing e a sua influência no negócio;
- demonstrar como fazer estimativas de demanda.

Bem, vamos à aula!

Pense bem nisto antes de abrir seu negócio: não basta abrir as portas do estabelecimento, é preciso arranjar uma forma de fazer o produto sair do estoque e ir para as mãos do seu cliente.

O Plano de Marketing define a forma como sua empresa irá atuar para fazer com que o seu produto troque de mãos. Por melhor que seja seu produto, isso não garante o mercado. Por meio do Plano de Marketing, a sua empresa irá demonstrar sua capacidade de tornar o produto conhecido pelos seus clientes e despertar neles o desejo de comprá-lo.

CUIDADO: não existe negócio tão bom que dispense um Plano de Marketing.

O Plano de Marketing se apoia nos 4Ps (Produto, Praça ou distribuição, Preço e Promoção), e envolve a previsão de vendas, que tem um resultado diretamente proporcional às ações planejadas e implementadas.

Nesta parte do Plano de Negócios, você deve descrever a forma como sua empresa tornará seus produtos conhecidos, de modo que desperte em seus clientes a necessidade de adquiri-los e faça com que eles se lembrem da sua marca no momento da compra; além disso, descrever a forma como sua empresa se comunicará com seus clientes e a definição da estrutura de vendas e de distribuição dos seus produtos.

Produtos

Finalmente é hora de apresentar o seu produto. A melhor forma de fazer isso é por meio de fotografias ou desenhos esquemáticos. Veja o exemplo da empresa Embraseal, uma fabricante de selos mecânicos instalada na Incubadora de Itu:

Tabela 1 – Exemplo de apresentação de produto

Produto	Selo mecânico tipo cartucho	
Características	Desenvolvido para serviços gerais em refinarias, petroquímicas e plantas químicas, o selo mecânico tipo cartucho está em conformidade com a norma API 682, em pleno atendimento às exigências construtivas e aos rigorosos testes dessa norma. É do tipo cartucho, balanceado, de execução simples e dupla (pressurizado e não pressurizado), com molas múltiplas protegidas do processo e materiais construtivos conforme a norma API 682. Suporta temperatura de até 260°C, pressão máxima de 42 bar, 4.500 rpm e velocidade de 23 m/s, podendo ser aplicado em hidrocarbonetos, líquidos voláteis agressivos (VHAP) e demais produtos químicos	
Tecnologia	*Software* Autocad e Máquinas de ferramentaria de precisão	
Normas técnicas	API 682; DIN 24.960; NBR 10.399:1988	

Deve-se observar que não é necessário apresentar as características comerciais da empresa, mas demonstrar que conhece tecnicamente como fazer o produto.

É importante acrescentar um parágrafo ou uma tabela que demonstre as vantagens competitivas dos produtos da sua empresa, em comparação aos produtos dos concorrentes diretos. No momento em que se efetua a análise da concorrência, já é possível identificar essas vantagens e enumerá-las Veja, na Tabela 2, o exemplo da empresa citada anteriormente.

Demonstre que você conhece tanto seu produto quanto o produto de seus concorrentes.

Tabela 2 – Apresentação das vantagens competitivas

Itens	Produtos Embraseal	Produtos concorrentes
1. Qualidade	Utilização de mão de obra altamente qualificada garante a qualidade do serviço	Em geral, mão de obra despreparada para o tipo de serviço específico
2. Assistência técnica pós e pré-venda	Prestada pela própria empresa por meio de visitas técnicas	Não prestam serviço de assistência técnica pré-venda
3. Prazo de entrega	De acordo com o cronograma estabelecido em conjunto com o cliente	Dificuldades para atender prazos nos produtos especiais

Como se trata de demonstrar que você conhece o produto que sua empresa se propõe a fabricar, é importante que você relate como se encontra o ciclo de vida do produto. Como se sabe, não existem produtos eternos; todos os produtos, indistintamente, passam por determinados ciclos durante a sua vida útil. Na Tabela 3, são apresentados, resumidamente, os quatro estágios do ciclo de vida de um produto.

Tabela 3 – Ciclos de vida de um produto

Etapas	Características
Nascimento	Elevadas despesas de promoção Preços mais altos em função da baixa produtividade Custos tecnológicos elevados em função da pequena margem de depreciação
Crescimento	Receita aumenta em função do aumento das vendas Custos fixos diminuem em função do aumento do tamanho dos lotes Fluxo de caixa negativo, pois a demanda por investimentos supera a capacidade de geração de lucros
Manutenção	A taxa de crescimento das vendas diminui e tende a estabilizar-se Inicia-se o processo de retorno do investimento sobre P&D O consumidor acostumou-se ao produto e pressiona por preços menores
Declínio	Promoções e descontos não conseguem recuperar a receita de vendas Já existe produto tecnicamente superior no mercado Desaparecimento do produto do mercado em função do declínio das vendas

P&D: pesquisa e desenvolvimento.

Como se pode observar, os produtos apresentam características próprias em cada etapa do seu ciclo de vida; ora necessitam de mais investimentos em promoção, ora necessitam de redução de preços. É uma atividade estratégica do empreendedor saber em qual das etapas do ciclo de vida o produto se encontra.

Para vencer as barreiras impostas pelos concorrentes, sobretudo os concorrentes internacionais, a empresa precisa demonstrar elevada capacidade de usar a tecnologia existente e inovar em processos, design, materiais, etc. É aconselhável dizer no Plano de Negócios como a sua empresa se utiliza dessas estratégias e se consegue obter vantagens no mercado a partir do seu uso.

Depois de ler o texto ou a tabela que você preencheu, que aborda os produtos da sua empresa, verifique se consegue encontrar, no conjunto de informações, as respostas para as seguintes perguntas:

- Que valor o produto agrega? Que problemas resolve? Quais as possíveis aplicações de uso?
- Do que se trata a oportunidade de negócio?
- Qual tipo de valor a fabricação desse produto irá agregar para a sociedade?
- A fabricação e a comercialização do produto resolverão algum problema da sociedade?
- As tecnologias necessárias para a fabricação do produto são conhecidas? São de domínio público ou estão protegidas por patentes?
- Já foram feitos testes com o produto ou o processo?
- Quais testes foram feitos?
- Os processos já produzem o resultado esperado em 100% das vezes em que são executados?
- A fabricação e a comercialização do produto propõem um negócio inteiramente novo ou irão substituir gradativamente um negócio existente?
- O produto mudará o comportamento das pessoas? Em quê?
- Existem investimentos previstos para o avanço a uma escala de produção?
- Algum usuário já testou o produto? Quais foram os pontos fortes e os pontos fracos apontados por esse usuário?
- Que testes são necessários para comprovar o funcionamento/adesão do produto?

Preço

ATENÇÃO:
não esqueça dos ativos intangíveis ao calcular o preço de venda.

DICA:
calcule o preço de venda com base nos custos, nos concorrentes e nos clientes.

DICA:
se o mercado está para venda, quem define o preço é o cliente.

Preço é o valor monetário atribuído a alguma coisa disponível para a venda. Quando o mercado está vendedor, ou seja, a oferta está maior que a demanda, quem determina o preço é o cliente, que indica quanto está disposto a pagar por determinado produto. Quando o mercado está comprador, ou seja, a demanda está maior que a oferta, quem determina o preço é o fornecedor, que indica por quanto está disposto a vender um produto.

O preço de venda é determinado por três formas diferentes; todas, porém, importantes e necessárias, para efeito de comparação de valores: o preço de venda formado a partir dos custos de produção, o preço de venda formado a partir dos valores que os clientes estão dispostos a pagar pelo produto e o preço de venda formado a partir do valor que o mercado está ofertando com produtos semelhantes.

As políticas de preços também são importantes, pois orientam as tomadas de decisão diante das oscilações do mercado. Existem basicamente três tipos de políticas de preços: oportunistas, que acompanham a concorrência ou fazem os preços oscilarem com a oscilação da demanda; predatórias, que é a redução temporária de preços para ganhar participação no mercado ou para atingir os concorrentes; e contingenciais, que variam conforme a situação de mercado, a disponibilidade de caixa da empresa ou a forma de penetração da empresa no mercado.

Nesta parte do Plano de Negócios, não é necessário estabelecer com exatidão qual será o preço do seu produto. Entretanto, você poderá, com base em estimativas e nas pesquisas de mercado que efetuou enquanto elaborava a Análise de

Mercado, apresentar uma faixa de preço que será utilizada como referência inicial de receita.

É aconselhável preencher uma tabela, semelhante à Tabela 4, com as estimativas de custos para a fabricação dos produtos.

Tabela 4 – Estimativa de preço de venda	
Descrição	Valor (R$)
Matérias-primas ou insumos	
Custo de produção (salários, combustíveis, embalagens, etc.)	
Despesas administrativas (telefone, material de expediente, pró-labore, etc.)	
Comissões de vendedores	
Impostos sobre vendas	
Outros custos	
Lucro estimado (antes do Imposto de Renda)	
Preço de venda	

É aconselhável, também, fazer uma tabela com os preços que os clientes potenciais pagam ou estão dispostos a pagar por produtos semelhantes e os preços que os concorrentes cobram pelos mesmos produtos. Essas informações já foram levantadas enquanto você fez as sondagens para a Análise de Mercado.

Tabela 5 – Comparativo de preços de venda		
Produtos	Preço da concorrência (R$)	Preço do cliente (R$)

Partindo das informações tabuladas anteriormente, deve-se incluir uma tabela, semelhante à Tabela 6, indicando a faixa de preços que se pretende trabalhar inicialmente.

Tabela 6 – Faixa de preço de venda		
Produtos	Preço mínimo	Preço máximo

Depois de ler o texto ou a tabela que você preencheu, que aborda os produtos da sua empresa, verifique se consegue encontrar, no conjunto de informações, as respostas para as seguintes perguntas:

- Como está a procura pelo produto em relação à capacidade de produção da empresa? Estimar o quanto a demanda está acima ou abaixo da oferta.
- O produto possui demanda reprimida, ou seja, muitas pessoas estão dispostas a adquiri-lo em um curto período e depois a demanda se estabiliza?
- O produto ou serviço pode ser considerado uma inovação de ruptura, incremental ou de segmento?
- No caso de o mercado ainda não existir, como no caso de inovações de ruptura, quais produtos podem ser substi-

tuídos ou desaparecer do mercado com a introdução da tecnologia?

- Qual a política de preços adotada pela empresa? Existe alguma situação especial onde essa política pode ser alterada?

Distribuição (Praça)

Neste momento do Plano de Negócios, deve-se expor o modo como a sua empresa fará para que seus produtos cheguem às mãos do consumidor. Isso inclui explicar se as vendas serão realizadas diretamente ao consumidor (venda direta) ou se serão realizadas por meio de atacadistas e varejistas (venda indireta). Existe ainda um meio-termo que pode ser a rede de franquias, em que o varejista é praticamente uma extensão do departamento de vendas da fábrica.

Descreva como o produto será entregue para o cliente.

Entre as formas de distribuição listadas abaixo, deve-se apontar a mais adequada para o caso da sua empresa e explicar o porquê:

- comércio atacadista;
- comércio varejista;
- consumidor final;
- representantes técnicos;
- representantes comerciais;
- equipe de vendas própria;
- venda porta a porta;
- rede de lojas franqueadas;
- venda pela internet;
- venda por telefone;
- venda por catálogo;
- equipe de vendas terceirizada.

Além disso, é necessário descrever a intensidade da distribuição, que depende do tipo de cobertura de mercado que a empresa pretende conquistar e pode ser classificada em três níveis: distribuição intensiva (produtos com demanda elevada, compras frequentes e em pequenas quantidades, baixo preço unitário e ausência de demanda por assistência técnica); distribuição seletiva (produtos que exigem conhecimentos especializados para venda, cuidados especiais de armazenamento e preços relativamente elevados); e distribuição exclusiva (produtos com demanda por serviços técnicos altamente especializados, tanto durante a venda quanto no pós-venda, grandes investimentos do distribuidor, alto custo unitário e treinamento especial para a comercialização).

É preciso apenas tomar um cuidado: não se deve planejar um sistema de distribuição que a sua empresa não tenha condições de abastecer.

CUIDADO: se não conseguir entregar, de nada valeu o esforço de vendas ou de produção.

Depois de ler o texto que você preencheu, que aborda a forma de distribuição dos produtos da sua empresa, verifique se consegue encontrar, no conjunto de informações, as respostas para as seguintes perguntas:

- Qual é a forma de distribuição escolhida para fazer com que o produto chegue às mãos do consumidor?
- Qual é o tipo de distribuição mais adequado no que diz respeito à intensidade da distribuição?
- Quais os critérios utilizados para escolher o tipo de distribuição mais adequado?

- Qual é a área de cobertura pretendida pela distribuição?
- Quantos pontos de venda serão necessários para atender a área de cobertura?
- Existe um programa para ampliação da área de cobertura? Quantos pontos de venda serão exigidos nas áreas de ampliação?

Promoção

Promoção é o uso de um conjunto de ações de curto prazo que tem como objetivo incentivar o consumidor a comprar mais rapidamente e/ou comprar uma quantidade maior de produtos ou serviços. São consideradas ferramentas de incentivo: propaganda, publicidade, relações públicas, promoções de vendas, assessoria de imprensa, venda pessoal, etc.

Como incentivar o cliente a comprar o seu produto?

A promoção afeta diretamente o volume de vendas de uma empresa; nenhuma empresa pode afirmar categoricamente que seus produtos ou serviços não precisam de nenhuma ferramenta de incentivo à compra.

As ações de promoção devem ser efetuadas segundo um planejamento bem elaborado, que leve em conta os hábitos dos consumidores, de tal forma que possa ser mais eficaz. O mais aconselhável é que sua empresa contrate um especialista para auxiliar nesse tipo de atividade; o custo desse especialista é compensado pelos benefícios obtidos. Para a elaboração do seu Plano de Negócios, porém, você pode apenas estimar as ações e o volume de recursos que pretende investir em cada uma dessas ações. Utilize a Tabela 7 como modelo para apresentar as estimativas de investimentos em ações de promoção:

Tabela 7 – Estimativas de investimento	
Descrição das ações	**Investimento (R$)**
Programação visual (logotipia, *slogans*, pastas, impressos, etc.)	
Fôlderes e folhetos	
Participação em feiras	
Home page na internet	
Anúncios em revistas e jornais	
Equipes de vendas diretas	
Mala direta	
Participação em rodas de negócios	
Brindes	
Catálogos eletrônicos	
Banners e *outdoors*	
Outros	

Deve-se apresentar um cronograma com as ações de promoção para um período de pelo menos 1 ano. Lembre-se sempre de que não basta apenas uma inserção isolada na mídia; para ter efeito, uma ação precisa ser frequente, pois somente assim terá força para criar o hábito ou fixar uma marca na mente do consumidor. A Tabela 8 mostra um exemplo de cronograma que considera as ações de promoção propostas na Tabela anterior.

Tabela 8 – Cronograma das ações de marketing

Ações de promoção e marketing	Meses de implementação				
	Mês 1	Mês 2	Mês 3	Mês 4	Mês 5
Programação visual					
Fôlderes e folhetos					
Participação em feiras					
Home page na internet					
Anúncios em revistas e jornais					
Equipes de vendas diretas					
Mala direta					
Rodas de negócios					
Brindes					
Catálogos eletrônicos					
Banners e *outdoors*					
Outras					

Depois de ler o texto que você preencheu sobre a promoção dos produtos da sua empresa, verifique se consegue encontrar, no conjunto de informações, as respostas para as seguintes perguntas:

- Existe alguma pesquisa sobre hábitos dos consumidores?
- Existe algum instituto de pesquisa ou qualquer outro tipo de instituição semelhante que publique informações sobre os potenciais consumidores?

- Quais ações de promoção são mais direcionadas ao público-alvo? Quais os critérios utilizados para identificar essas ações?

Previsão de vendas

DICA: Qual será seu volume de vendas? Essa resposta é primordial para o planejamento.

Um bom planejamento começa sempre pela previsão de vendas. Ela influencia toda a empresa, desde a programação de compra de matéria-prima e a previsão de recursos, seja de mão de obra ou de máquinas e equipamentos, até o planejamento financeiro e o fluxo de caixa.

Para produtos conhecidos, ofertados em mercados estáveis (incluem-se os chamados *commodities*), a previsão de vendas é relativamente fácil: basta observar o histórico das vendas em períodos semelhantes. Entretanto, para produtos novos, em mercados novos ou turbulentos, essa tarefa torna-se mais complexa.

Da mesma forma, a previsão de vendas depende da "política de preços" definida pela empresa e pelos fatores econômicos conjunturais, além, principalmente, das ações de promoção planejadas pela empresa.

A flexibilidade da empresa, ou seja, a capacidade de responder rapidamente às mudanças na demanda, é uma estratégia que sempre deve ser levada em conta.

Existem vários métodos para efetuar a previsão da demanda. Você deve optar pelo mais indicado para as condições da sua empresa. A figura a seguir ajuda a escolher o método de previsão mais adequado.

Após escolher o método de previsão da demanda, deve-se desenvolver um mapa da previsão de vendas para 12 meses, considerando a previsão de demanda para um mercado otimista e para um mercado pessimista.

Tabela 9 – Projeção de vendas – otimista

Produtos	Previsão de vendas para 12 meses – otimista											
	Mês 1	Mês 2	Mês 3	Mês 4	Mês 5	Mês 6	Mês 7	Mês 8	Mês 9	Mês 10	Mês 11	Mês 12

Tabela 10 – Projeção de vendas – pessimista

Produtos	Previsão de vendas para 12 meses – pessimista											
	Mês 1	Mês 2	Mês 3	Mês 4	Mês 5	Mês 6	Mês 7	Mês 8	Mês 9	Mês 10	Mês 11	Mês 12

Depois de ler o texto ou as tabelas que você preencheu, que abordam a previsão de vendas da sua empresa, verifique se consegue encontrar, no conjunto de informações, as respostas para as seguintes perguntas:

- Qual é o método utilizado para fazer a previsão de vendas? Por que esse método foi escolhido?
- O horizonte de tempo da previsão é suficiente para permitir a implementação de possíveis mudanças?
- O grau de exatidão da previsão de vendas está explicitado? A previsão de vendas está expressa em unidades significativas?
- Como a previsão de vendas é monitorada ao longo do tempo?

PARA REFLETIR

1. O que poderá acontecer se a sua empresa não tiver capacidade produtiva para atender a demanda?
2. O que é mais importante para a sua empresa: prever o volume de vendas ou definir o preço de venda? Por quê?

AULA 7

PLANO OPERACIONAL

OBJETIVOS DESTA AULA

- Planejar como será a função operacional da sua empresa;
- demonstrar como identificar as principais atividades da sua empresa, que geram valor para os seus clientes.

Bem, vamos à aula!

No Plano de Negócios, evidentemente, não é preciso montar um Plano Operacional detalhado, tampouco apresentar os procedimentos de trabalho ou os roteiros de operação. É necessário somente demonstrar qual a capacidade de produção da sua empresa e o mínimo de organização dos seus recursos, para conseguir transformar essa capacidade produtiva em produtos acabados, que serão vendidos aos clientes.

Aqui, é necessário demonstrar a capacidade de produção da sua empresa.

A primeira atividade é uma apresentação geral das instalações da empresa. A Tabela 1 mostra as necessidades operacionais da sua empresa e o correto preenchimento demonstra seu conhecimento a respeito dessas necessidades.

Tabela 1 – Instalações físicas da empresa		
Detalhes da instalação	**Unidade**	**Quantidade**
Área ocupada pela produção e laboratórios	m^2	
Área ocupada pela administração	m^2	
Consumo mensal de energia elétrica	kW	
Consumo de água na produção (mensal)	m^3	
Resíduos gerados (mensal). Tipo:	kg	
Área para armazenagem de materiais/insumos/ matéria-prima	m^2	
Área para armazenagem de produtos acabados	m^2	
Área para materiais segregados	m^2	
Capacidade energética instalada	kW	
Rede de ar comprimido	PSI	

Equipamentos

É necessário demonstrar que a empresa tem condições básicas de operação. Para isso, deve-se apresentar uma lista de máquinas e equipamentos, bem como os investimentos necessários para adquiri-los. A Tabela 2 mostra como fazer a apresentação dessa relação de máquinas e equipamentos.

Tabela 2 – Máquinas e equipamentos		
Descrição	**Quantidade**	**Valor total (R$)**

Layout

O *layout* (ou arranjo físico) das instalações representa a planta baixa da empresa, com a distribuição das áreas de processamento, de estocagem e de circulação, bem como o fluxo do processo. A representação gráfica do *layout* pode ser feita apenas com a indicação dos setores produtivos mais expressivos, sem o detalhamento dos equipamentos, mas com a indicação do fluxo do processo, conforme apresentado na figura a seguir.

Layout

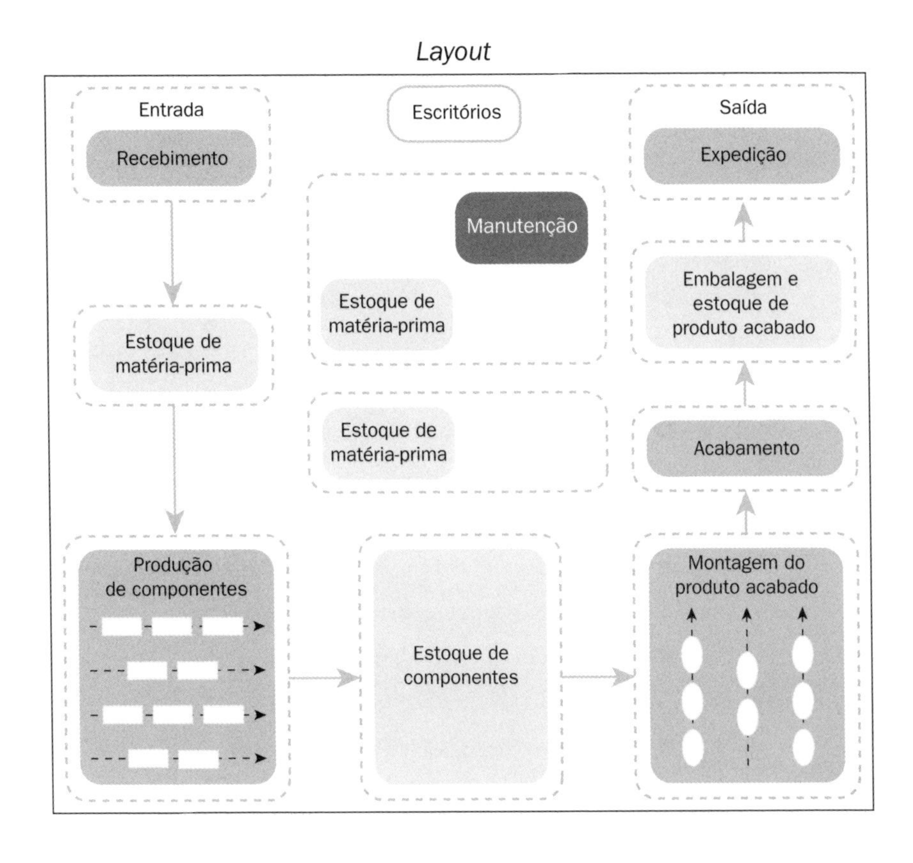

Um *layout* adequado proporcionará à sua empresa benefícios como:

- aumento da produtividade;
- diminuição do desperdício e do retrabalho;
- maior facilidade na localização dos produtos e materiais;
- melhoria na comunicação entre os setores e as pessoas.

ATENÇÃO: não se esqueça de levar em conta a legislação.

É necessário estar atento a alguns detalhes no momento de elaborar o *layout*. Aconselha-se a contratação de um especialista nesse tipo de atividade, mas é perfeitamente possível que isso seja feito por você mesmo. Apenas dê atenção especial à Legislação Municipal quanto à ocupação do solo, às exigências do Corpo de Bombeiros e da Cetesb e à adequação das instalações para acessibilidade de pessoas portadoras de necessidades especiais.

Depois de ler o texto ou as tabelas que você preencheu, que abordam o *layout* da sua empresa, verifique se consegue encontrar, no conjunto de informações, as respostas para as seguintes perguntas:

- Qual o tipo de arranjo físico (*layout*) escolhido? Por que esse modelo foi adotado?
- Qual o consumo estimado de energia elétrica na produção?
- O processo demanda uso de água? Qual o consumo estimado?
- O processo gera algum tipo de resíduo? Qual? Quem fará a coleta?
- O processo demanda a utilização de redes de ar comprimido?
- As máquinas ou equipamentos necessitam de fundação? Cite quais têm essa necessidade.
- A empresa trabalha com algum material perecível?

- Existe algum material de uso limitado pela legislação?
- A empresa utiliza materiais inflamáveis ou explosivos?
- Como será feita a movimentação interna dos materiais?
- Existe área reservada para materiais segregados?
- Existem áreas adequadas e devidamente organizadas para estocagem de matérias?
- Existe espaço demarcado e sinalizado para circulação das pessoas?
- O prédio atende às exigências da vigilância sanitária e da Cetesb nas condições de higiene, iluminação e ventilação?

Processos de fabricação

Agora é o momento em que você deve explicar como a sua empresa irá funcionar, e esse é um momento especial. Deve-se imaginar sua produção, com a matéria-prima transformando-se em produto final, e todas as etapas de fabricação, incluindo as atividades de transporte interno e os pontos de tomada de decisão. Também é importante apontar as rotinas administrativas e o fluxo de informações dentro das etapas de fabricação.

Este é o momento de demonstrar como sua empresa transforma matéria-prima em produtos.

Procure identificar os trabalhos que serão realizados e os seus respectivos responsáveis, além dos materiais, equipamentos e acessórios que serão necessários em cada posto de trabalho.

Algumas empresas desenvolvem um conjunto de procedimentos e instruções de trabalho para essa finalidade; porém, para a elaboração de um Plano de Negócios, basta desenvolver um fluxograma ou mapa do processo. No exemplo da figura a seguir, é apresentado um fluxograma para uma empresa fabricante de painéis metálicos.

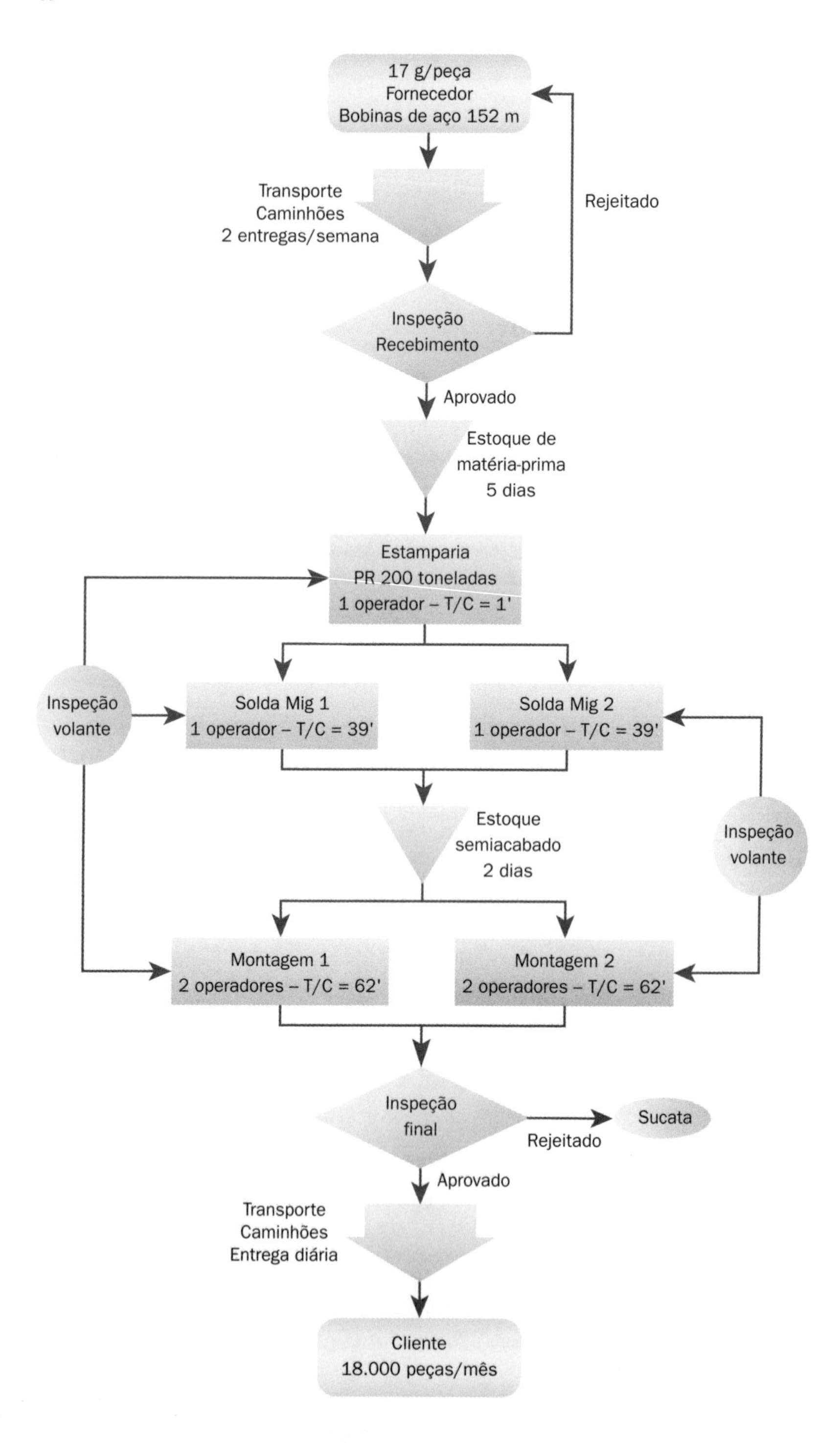
17 g/peça
Fornecedor
Bobinas de aço 152 m
Transporte
Caminhões
2 entregas/semana
Rejeitado
Inspeção
Recebimento
Aprovado
Estoque de
matéria-prima
5 dias
Estamparia
PR 200 toneladas
1 operador – T/C = 1'
Inspeção
volante
Solda Mig 1
1 operador – T/C = 39'
Solda Mig 2
1 operador – T/C = 39'
Estoque
semiacabado
2 dias
Inspeção
volante
Montagem 1
2 operadores – T/C = 62'
Montagem 2
2 operadores – T/C = 62'
Inspeção
final
Rejeitado
Sucata
Aprovado
Transporte
Caminhões
Entrega diária
Cliente
18.000 peças/mês

Você também pode desenvolver um Roteiro de Produção como um formulário, no qual irá apontar as etapas de produção na sequência em que elas acontecerem. A vantagem do uso desse processo é a facilidade no momento de calcular o preço de venda do seu produto, com base nos custos de operação. Veja abaixo um modelo de Roteiro de Produção:

Tabela 3 – Roteiro de produção

Operação	Descrição da operação	Número de operadores	Máquinas, equipamentos e ferramentas	Tempo de *set-up* (minutos)	Tempo de operação (segundos)

Dependendo da complexidade do produto, diversas listas como essa devem ser utilizadas: uma para cada componente, uma para as submontagens e uma para a montagem final.

Depois de ler o texto ou as tabelas que você preencheu, que abordam os processos de fabricação da sua empresa, verifique se consegue encontrar, no conjunto de informações, as respostas para as seguintes perguntas:

- Existem gargalos no fluxo de processo?
- Quais são os pontos críticos do processo?
- É possível implantar células de manufatura? Se sim, descreva em qual parte do processo.

- Existem atividades que não agregam valor ao produto no fluxo produtivo? Quais?

Matéria-prima, componentes e insumos

É muito importante elaborar uma lista dos materiais e componentes que fazem parte do seu produto, discriminando as quantidades utilizadas por produto. Isso facilita o cálculo dos custos e a previsão de compras desses materiais.

Nesta parte do Plano Operacional, não se trata de relacionar fornecedores, afinal, você já cuidou disso enquanto fazia a Análise de Mercado. Entretanto, você deve relacionar a quantidade bruta utilizada de matéria-prima (incluindo as perdas de processo) e o custo unitário do mesmo material.

A título de conceituação, é necessário citar que:

- Matéria-prima é todo material adquirido, em estado bruto, que sofre algum tipo de transformação dentro das áreas produtivas da empresa antes de compor definitivamente o produto.
- Insumo é todo material adquirido que é consumido durante o processo de transformação da matéria-prima, como lubrificantes, desmoldantes, desengraxantes, etc. O insumo não está agregado ao produto final.
- Componente é todo material adquirido que não sofre qualquer transformação dentro das áreas produtivas da empresa, com exceção de operações de montagens, isto é, o material não sofrerá transformações mecânicas, de cor, etc.

Veja na Tabela 4 um exemplo de como relacionar esses materiais:

Tabela 4 – Matéria-prima, componentes e insumos					
Produto	Especificação	Nível	Unidade	Quantidade	Custo

Necessidade de pessoal

Observe o Fluxo de Processo do seu produto; perceba que, para cada atividade realizada, é atribuída uma função e contabilizado um operador. Desse modo, é possível estimar quantas pessoas são necessárias para que sua empresa opere sem problemas. Considere todas as pessoas que trabalharão na empresa, como sócios, familiares (quando for o caso) e as pessoas contratadas.

Procure os sindicatos de classe para obter informações sobre a legislação e sobre os acordos coletivos da categoria, o piso salarial, o quadro de horários, etc. Verifique também a questão da qualificação da mão de obra a ser contratada, pois caso a região não disponha de pessoal com capacitação profissional para ocupar as vagas disponíveis na sua empresa, deve-se considerar a possibilidade de investir em treinamentos.

Use uma tabela semelhante à apresentada abaixo para facilitar suas estimativas.

Tabela 5 – Quadro de pessoal		
Cargo/função	Quantidade	Responsabilidades

Capacidade de produção

CUIDADO: capacidade de produção menor que a demanda significa perda de vendas e maior que a demanda significa estoques elevados.

Deve-se estimar a capacidade instalada da sua empresa e a sua capacidade de produção, concomitantemente; ou seja, é preciso estimar quantos produtos sua empresa consegue produzir e quantos clientes consegue atender. Isso faz com que você não contrate mais pessoal que o necessário, diminuindo a ociosidade da mão de obra, ou não produza mais do que consegue vender, diminuindo os estoques e o desperdício.

Você já dispõe de dados como: quanto tempo é necessário para fabricar um produto, quantos clientes potenciais existem no seu nicho de mercado, quantos produtos esses clientes compram mensalmente e qual é a fatia de mercado pretendida; com base nesses dados, estime quantos produtos você irá produzir e vender mensalmente.

Seja realista, considerando sempre as questões de sazonalidade, a capacidade instalada, a capacidade de investimento na aquisição dos materiais e a capacidade de entrega dos seus fornecedores. Também esteja atento à disponibilidade de mão de obra.

É claro que você não irá acertar em cheio no primeiro momento que fizer essa previsão. Mas, com o tempo, pegará o jeito, afinará os números e suas estimativas estarão cada vez mais próximas da realidade.

Use uma tabela semelhante à apresentada abaixo para facilitar suas estimativas.

Tabela 6 – Capacidade de produção

Produto	Unidade	Produção mensal

PARA REFLETIR

1. Você acha que treinamento de pessoas é custo ou investimento? Por quê?
2. O que significa "atividades que não agregam valor ao produto"? O que você faria se descobrisse que sua empresa possui uma série dessas atividades?

AULA 8

PLANO FINANCEIRO

OBJETIVOS DESTA AULA

- Apresentar como funcionam os relatórios financeiros e como utilizá-los na tomada de decisão;
- demonstrar como fazer o planejamento financeiro da sua empresa.

Bem, vamos à aula!

Você vai iniciar agora o trabalho mais delicado e sensível do Plano de Negócios da sua empresa, afinal, vai tratar de dinheiro. E todas as pessoas que abrem uma empresa têm o objetivo de ganhar dinheiro; o que provavelmente não é diferente do seu caso.

Em primeiro lugar, é importante saber que, em economia, não existe mágica; se você estiver pensando em ganhar dinheiro de modo fácil ou ter retorno de seu investimento rapidamente, é melhor mudar de ideia... Ainda há tempo. Por mais dinâmico que seja o mercado em que sua empresa atua, não se deve esperar retorno para seus investimentos em um prazo inferior a 3 anos. Normalmente, indústrias oferecem retorno em 5 anos.

Apresente, inicialmente, um panorama do mercado no qual se insere a sua empresa, com o objetivo de demonstrar que ela pode trazer resultados interessantes a curto prazo para você ou para um investidor. Depois, demonstre como a empresa utiliza seus recursos financeiros e como gerencia o fluxo financeiro, de forma que obtenha o máximo rendimento do capital, além de mostrar como você utiliza os relatórios financeiros para tomar decisões e buscar um reposicionamento estratégico da sua empresa.

Lembre-se sempre de que todas as partes de um planejamento financeiro estão relacionadas ao "ciclo de vida" do seu produto. Se seu produto ainda estiver em fase de desenvolvimento e não houver um protótipo concluído, certamente não haverá receita, apenas investimentos em P&D (Pesquisa e Desenvolvimento), por mais de 1 ano, dependendo da complexidade tecnológica do produto. Se o produto já foi testado e está pronto para ir ao mercado, o investimento em marketing deve ser bastante acentuado, e o resultado das primeiras vendas somente aparecerá em um prazo de aproximadamente 6 meses. Se seu produto estiver na fase de estabilização do mercado e sua empresa estiver produzindo e vendendo regularmente, a sua maior preocupação será o balanceamento do fluxo de caixa e o ponto de equilíbrio.

Finalmente, deve-se demonstrar como está a saúde financeira do empreendimento, pois ninguém quer fazer negócios com empresas que tenham problemas. Se sua empresa tiver, apresente planos de contingência para se livrar desses pesadelos empresariais.

1. RECEITA DE VENDAS

Você já dispõe de dados para prever qual será seu faturamento com as vendas mês a mês, inclusive considerando questões como a influência do plano de marketing e do preço no esforço de vendas.

Para projetar as receitas mensais, utilize a tabela abaixo:

Tabela 1A – Receita de vendas mensal			
Produto/serviço	Quantidade mensal	Preço unitário (R$)	Faturamento (R$)
Faturamento total do mês			

2. ESTIMATIVAS DOS SALÁRIOS

Quanto ao pagamento da mão de obra, existem quatro possibilidades:

- mão de obra direta: pessoal que trabalha diretamente na fabricação do produto, normalmente remunerado por hora de trabalho;
- mão de obra indireta: pessoal que trabalha nas áreas de apoio e administração, normalmente remunerado por mês;
- pró-labore: remuneração dos empresários que trabalham na gestão do negócio (não deve se confundido com divisão de lucros);
- vendedores: somente a parte fixa dos ganhos destes profissionais.

Sobre os salários, são aplicados os encargos sociais e benefícios, de acordo com a Tabela 2A.

Tabela 2A – Incidência de encargos sociais e benefícios		
Encargos sociais e benefícios sobre salários	**Base de cálculo**	**Percentual**
Empresas não optantes do Simples		
Provisão para 13º salário	1/12 sobre salário-base	8,33%
Adicional de férias	1/3 × 1/12 sobre salário-base	2,78%
INSS sobre salários	27,8% sobre salário-base	27,8%
INSS sobre 13º salário	27,8% × 1/12 sobre salário-base	2,32%
INSS sobre adicional de férias	27,8% × 1/3 × 1/12 sobre salário-base	0,77%
FGTS	8% sobre salário-base	8%
FGTS sobre 13º salário	8% × 1/12 sobre salário-base	0,67%
FGTS sobre adicional de férias	8% × 1/12 × 1/3 sobre salário-base	0,22%
Provisão para férias	(1/12 + 1/3 × 1/12) sobre salário-base	11,11%
Indenização trabalhista	3% × 1/12 sobre salário-base	0,25%
Vale-transporte*		
Vale-refeição**		
Seguro de saúde**		
Total		**62,25%**
Empresas optantes do Simples		
Provisão para 13º salário	1/12 sobre salário-base	8,33%
Adicional de férias	1/3 × 1/12 sobre salário-base	2,78%
FGTS	8% sobre salário-base	8%
FGTS sobre 13º salário	8% × 1/12 sobre salário-base	0,67%
FGTS sobre adicional de férias	8% × 1/12 × 1/3 sobre salário-base	0,22%
Provisão para férias	(1/12 + 1/3 × 1/12) sobre salário-base	11,11%
Indenização trabalhista	3% × 1/12 sobre salário-base	0,25%
Vale-transporte*		
Vale-refeição**		
Seguro de saúde**		
Total		**31,36%**

* Variável em função do número de conduções que o empregado necessita para chegar ao trabalho e voltar para casa. É permitido o desconto máximo de 6% do valor do salário-base a título de vale--transporte.

** A critério de cada empresa ou conforme acordo coletivo com o sindicato da categoria.

Sobre o pró-labore incidem 15% de encargos referentes ao INSS, qualquer que seja o regime tributário escolhido.

É importante ficar atento com os funcionários horistas, que recebem 220 horas de trabalho, mas trabalham 180 horas por mês. Está incluso, nas 220 horas, o DSR (Descanso Semanal Remunerado). Assim, se determinado empregado recebe R$15,00/hora, o seu salário-base será R$3.300,00, ou seja, 220 horas × R$15,00. Não se deve esquecer que esse empregado trabalha, efetivamente, 180 horas por mês. Todos os percentuais dos encargos e benefícios deverão ser aplicados sobre o salário-base (no exemplo, R$ 3.300,00). Para calcular o custo-hora da mão de obra, basta dividir o salário-base, adicionado dos encargos e benefícios, pelo número de horas disponíveis para trabalho (180 horas/mês).

Para fazer uma projeção mensal dos custos da mão de obra direta e das despesas com mão de obra indireta, devem-se utilizar as tabelas a seguir.

Tabela 2B – Estimativa de salários da produção

Função	Salário/ hora (R$) [A]	Salário-base (R$) [B = A × 220]	Encargos (%) [C]	Valor dos encargos (R$) [D = C × B]	Número de pessoas [E]	Valor total dos salários (R$) [F = (B + D) × E]
Total mensal dos salários da produção						

Tabela 2C – Estimativa de salários da administração e áreas de apoio					
Função	Salário mensal (R$) [A]	Encargos (%) [B]	Valor dos encargos (R$) [C = A × B]	Número de pessoas [D]	Valor total dos salários (R$) [E = (A + C) × D]
Total mensal dos salários da administração					

Tabela 2D – Estimativa de salários dos vendedores				
Vendedores	Salário mensal (R$) [A]	Encargos (%) [B]	Valor dos encargos (R$) [C = A × B]	Valor total dos salários (R$) [E = (A + C) × D]
Total mensal dos salários dos vendedores				

Tabela 2E – Estimativa de pró-labore				
Diretores	Valor mensal (R$) [A]	Encargos (%) [B]	Valor dos encargos (R$) [C = A × B]	Valor total do *pró-labore* (R$) [D = (A + C)]
Total mensal do pró-labore dos diretores				

3. PLANO DE INVESTIMENTOS

Quando se fala em investimentos, pensa-se na aquisição de máquinas e equipamentos, os chamados "investimentos fixos". No entanto, essa é somente uma parte dos investimentos. Você vai precisar investir em "capital de giro" e em "investimentos pré-operacionais".

3.1 Investimentos fixos

Os investimentos fixos (ou ativo imobilizado) são todos os bens que você precisa adquirir para que sua empresa funcione adequadamente. Desse modo, devem ser considerados investimentos fixos em máquinas, equipamentos, acessórios, ferramentas (moldes, matrizes, estampas, etc.), móveis, utensílios, imóveis, veículos, computadores, programas, instrumentos de medição, etc.

Convém fazer algumas recomendações:

- não imobilize nada sem necessidade. Prefira alugar em vez de comprar ou construir. Prefira os *leasing* aos financiamentos, a menos que estes sejam subsidiados;
- analise sempre a possibilidade de terceirizar algumas atividades, pois isso poderá evitar algum investimento desnecessário na compra de máquinas e equipamentos;
- considere sempre todas as opções de compra (leilões, classificados, produtos usados, etc.), tomando sempre cuidado com o estado geral do bem.

Para estimar os investimentos fixos, é aconselhável preencher uma tabela semelhante à Tabela 3.1A. É importante recordar-se de que, no Plano Operacional, já foi preenchida uma tabela semelhante para os equipamentos da produção. Para facilitar o seu trabalho, utilize os dados da tabela da produção, complementando com os bens das áreas de apoio.

Tabela 3.1A – Máquinas e equipamentos				
Descrição		Quantidade	Valor unitário (R$)	Valor total (R$)
1				
2				
3				
4				
5				
6				
7				
8				
9				
10				
Veículos				
1				
2				
3				
Utensílios, móveis, ferramentas, instrumentos e acessórios				
1				
2				
3				
4				
5				
6				
7				
8				
Computadores e programas				
1				
2				
3				
Total dos investimentos fixos				

3.2. Capital de giro

A rigor, o capital de giro é um montante necessário para que sua empresa funcione normalmente, adquirindo materiais, financiando as vendas e pagando as despesas. Em outras palavras, é a quantidade de dinheiro que você necessita para pagar seus fornecedores enquanto não recebe o dinheiro de seus clientes.

DICA: quanto maior o estoque, maior a necessidade de capital de giro.

Para calcular o capital de giro necessário, é importante levar em conta alguns fatores de influência, como estoque inicial, caixa mínimo necessário, política de vendas, capacidade de produção, previsão de demanda e ciclo de vida dos seus produtos.

O estoque inicial é formado pelas matérias-primas, insumos, embalagens, componentes, etc. Esses materiais são destinados à fabricação dos primeiros lotes de produtos, e são adquiridos em quantidade suficiente para atender à capacidade de produção, o tamanho do mercado e o potencial de vendas.

Com um controle rígido e o passar do tempo, você irá descobrir qual o melhor momento de repor os estoques e o volume adequado de compras. Por enquanto, poderá utilizar a Tabela 3.2A para fazer uma estimativa do valor investido no estoque inicial, utilizando as informações obtidas na Análise dos Fornecedores.

Tabela 3.2A – Estimativa do investimento em estoques				
Descrição		Quantidade	Valor unitário (R$)	Valor total (R$)
1				
2				
3				
4				
5				
6				
7				
8				
9				
10				
11				
12				
Valor total dos estoques				

O caixa mínimo é a quantidade de dinheiro que deve estar disponível para pagar gastos até que o dinheiro proveniente das vendas entre no caixa; ou seja, é uma reserva inicial de caixa. Isso acontece por causa do financiamento que sua empresa faz aos clientes, nos prazos concedidos nas vendas, ao mesmo tempo em que recebe financiamento dos fornecedores, nos prazos de pagamento obtido nas compras.

Siga o passo a passo de como fazer a estimativa de caixa mínimo:

- Passo 1 – Prazo médio de recebimento das vendas: de acordo com a política de financiamento das vendas que você adotar, sua empresa terá maior ou menor necessidade de capital de giro. Veja no quadro abaixo o exemplo de uma política de financiamento das vendas:

10% das vendas com pagamento à vista

60% das vendas com pagamento em 30 dias

25% das vendas com pagamento em 60 dias

5% das vendas com pagamento em 90 dias

Depois de decidir qual é a política de financiamento das vendas mais adequada para a sua empresa, será necessário calcular o prazo médio de recebimento das vendas. A tabela abaixo poderá lhe auxiliar neste cálculo:

Tabela 3.2B – Política de vendas

Política de financiamento das vendas	% [A]	Número de dias [B]	Média ponderada [C = A × B]
À vista			
A prazo com 30 dias da data líquida (30 DDL)			
A prazo com 60 dias da data líquida (60 DDL)			
A prazo com 90 dias da data líquida (90 DDL)			
Prazo médio total			

- Passo 2 – Prazo médio de pagamento das compras: siga a mesma lógica do "Passo 1" e utilize a Tabela 3.2C para auxiliar no cálculo. Assim como já foi feito para a política de financiamento das vendas determinada pela sua empresa, será necessário calcular o prazo médio dos pagamentos exigidos pelos seus fornecedores.

Tabela 3.2C – Política de pagamentos			
Política de pagamento das compras	**% [A]**	**Número de dias [B]**	**Média ponderada [C = A × B]**
À vista			
A prazo com 30 dias da data líquida (30 DDL)			
A prazo com 60 dias da data líquida (60 DDL)			
A prazo com 90 dias da data líquida (90 DDL)			
Prazo médio total			

DICA: quanto maior o tempo de permanência da matéria-prima, maior a necessidade de capital de giro.

- Passo 3 – Cálculo da necessidade média de estoques: é o tempo de permanência da matéria-prima nos estoques da empresa, que deve ser acompanhado. Quanto maior for o tempo de permanência da matéria-prima, menor será o giro dos estoques e maior será a sua necessidade de capital de giro. Apenas como referência, as Empresas de Classe Mundial (*World Class Manufactures*) giram seus estoques 40 vezes por ano, em média. Isso representa 9,12 dias de tempo médio de permanência da matéria-prima nos estoques. É importante deixar claro que esse tempo é contado desde a entrega efetiva do material, na área de recebimento da empresa, até o momento em que a nota fiscal de venda do produto fabricado com essa matéria-prima é emitida e o produto é retirado dos estoques de acabados e entregue para o cliente.

Tabela 3.2D – Estoque	
Necessidade média de estoque	**Número de dias**

- Passo 4 – Cálculo do número de dias de capital de giro necessário: é a diferença entre os recursos da empresa fora do seu caixa (contas a receber e estoques) e os recursos de terceiros no caixa da empresa (contas a pagar). Se o resultado for positivo, indicará que o caixa da empresa ficará descoberto até que as contas sejam recebidas. Se for negativo, representa que a empresa receberá pelas suas vendas antes de pagar seus fornecedores. Se for somado o prazo médio de vendas e o prazo médio de estocagem de matéria-prima e do resultado subtrair o prazo médio de compras, será obtida a necessidade líquida de capital de giro em dias. Utilize a tabela abaixo para auxiliá-lo nesse cálculo.

Tabela 3.2E – Necessidade líquida de capital de giro

Recursos da empresa fora do caixa	Número de dias
1. Contas a receber – prazo médio de vendas	
2. Estoques – necessidade média de estoques	
Subtotal 1	
Recursos dos fornecedores no caixa da empresa	
3. Contas a pagar – prazo médio de compras	
Subtotal 2	
Necessidade líquida de capital de giro	

3.3. Cálculo do caixa mínimo

Representa a mínima disponibilidade de recursos que sua empresa precisará manter no caixa para financiar suas operações iniciais. Você pode calcular essa necessidade multiplicando a quantidade líquida de capital de giro, em dias, pelo custo total diário da empresa. Utilize a Tabela 3.3A para fazer esse cálculo.

Tabela 3.3A – Recursos mínimos no caixa	
Descrição	Valores (R$)
1. Custo fixo mensal	
2. Custo variável mensal	
3. Custo mensal total (item 1 + item 2)	
4. Custo total diário (item 3 ÷ 30 dias)	
5. Necessidade líquida de capital de giro em dias	
6. Valor do caixa mínimo (item 4 × item 5)	

3.4. Investimentos pré-operacionais

Se você tiver uma empresa em fase inicial de operação ou em fase de instalação, tome especial cuidado com essa fase. Em geral, os empreendedores se lembram das máquinas e dos equipamentos de que necessitam para a produção, para as áreas administrativas e de apoio e do capital de giro. No entanto, esquecem-se que as máquinas precisam de energia elétrica, redes de ar comprimido, fundações, taxas de registros e licenças nos órgãos competentes, projetos, etc. Essas instalações e serviços costumam consumir uma quantidade razoável de recursos financeiros e seus custos precisam ser estimados.

Lembre-se também que são necessários operadores treinados para que as máquinas trabalhem com eficiência, sendo indispensável investir em treinamento e capacitação dos seus empregados.

É preciso destacar o investimento em divulgação durante a fase pré-operacional; afinal, não se pode deixar para contar aos seus clientes potenciais que sua empresa está produzindo somente depois que seu produto já estiver no mercado. É preciso começar essa atividade com certa antecedência.

Utilize a Tabela 3.4A para estimar os seus investimentos pré-operacionais.

Tabela 3.4A – Investimentos pré-operacionais	
Descrição dos investimentos pré-operacionais	**Valores (R$)**
1. Obras civis e reformas	
2. Instalações	
3. Divulgação	
4. Cursos e treinamentos	
5. Taxas e registros	
6. Projetos	
Total dos investimentos pré-operacionais	

É preciso estar atento ao fato de que alguns investimentos, como os fixos, são depreciáveis, enquanto outros, como o capital de giro e os pré-operacionais, não. Normalmente, esses investimentos são contabilizados como despesas. Para efeito de Plano de Negócios, entretanto, eles serão alocados como investimentos não depreciáveis.

4. ESTIMATIVAS DAS DESPESAS FIXAS

Existe um grande número de despesas necessárias à operação da empresa, cujos valores são independentes do volume de produção ou de vendas; ou seja, tais despesas não oscilam com a quantidade de produtos vendidos. Como exemplos, podem-se citar aluguel de imóveis, honorários de escritório contábil, seguros, etc.

Para acompanhar o comportamento das despesas fixas, é necessário um Plano de Contas, que deve ser seguido durante certo período de tempo, preferencialmente 1 ano. Se sua empresa estiver dando os primeiros passos no mercado, é indispensável estimar esse Plano de Contas e, ao longo do tempo, acurar os números estimados, confrontando-os com os números realizados. Para facilitar seu trabalho, utilize o Plano de Contas de Despesas Fixas apresentado na Tabela 4A.

Tabela 4A – Plano de contas	
Descrição	**Mês**
Água	
Energia elétrica	
Manutenção e reparos	
Seguros	
Materiais de limpeza	
Materiais auxiliares	
Taxas e impostos fixos	
Leasing de equipamentos	
Manutenção de veículos	
Despesas com combustíveis	
Material de escritório e impressos	
Telefone, fax e taxas postais	
Publicidades e propagandas	
Associação e sindicato patronal	
Despesas de viagens	
Aluguel de imóveis	
Despesas com lanches e refeições	
Despesas bancárias	
Internet/hospedagem de *site*	
Investimentos pré-operacionais (Tabela 3.4A)	
Honorário de escritório contábil	
Assinatura de jornais e revistas	
Total mensal das despesas fixas	

Existem algumas despesas que normalmente estão classificadas como despesas fixas, como o pró-labore, o salário do pessoal administrativo, a depreciação dos investimentos fixos, etc. Para o Plano de Negócios, essas despesas já estão computadas em outras planilhas; portanto, não é necessário estimá-las juntamente com as despesas fixas.

5. ESTIMATIVA DOS CUSTOS VARIÁVEIS

Os custos variáveis são aqueles que dependem das quantidades produzidas, ou seja, ocorrem somente quando existe a produção. Nessa classificação, estão as comissões dos vendedores, os custos da matéria-prima, as embalagens, as operações terceirizadas sobre os produtos, os impostos sobre as vendas e os custos de financiamento das vendas.

5.1. Custos de matéria-prima, embalagens, insumos e serviços

A primeira parte dessa estimativa é a projeção dos custos de matéria-prima, embalagens, insumos e serviços de terceiros aplicados ao produto. A tabela a seguir lhe auxiliará nessa tarefa.

Tabela 5.1A – Custos de materiais e serviços

Material/insumo	Quantidade [A]	Unidade [B]	Custo unitário (R$) [C]	Custo total (R$) [D = A × C]
Embalagem				
Serviços de terceiros				
Total dos custos de matéria-prima, insumos, embalagem e serviços				

(Obs.: utilizar esta tabela tantas vezes quantos forem os produtos).

5.2. Custos de comercialização

Uma das principais estimativas que você deve fazer é a previsão dos impostos sobre as vendas. Existe uma quantidade enorme desses impostos, que podem ser federais, estaduais ou municipais. Deve-se ficar atento, pois as alíquotas mudam de acordo com o volume de vendas ou em função da região do país onde a venda foi efetuada. É importante consultar seu contador, já que ele deve saber com detalhes a quais impostos sua empresa está sujeita, bem como a alíquota de cada um.

Os custos de comercialização são compostos, também, das comissões dos vendedores. Esse ponto deve ser visto com atenção, pois, em alguns casos, a comissão dos vendedores é maior que a retirada dos sócios, o que pode ocasionar algum tipo de desavença. É importante entender que o vendedor não investiu nada e não possui retorno sobre o investimento. Todas as despesas financeiras incorridas do financiamento das vendas para seus clientes e as despesas com a divulgação do produto também são classificadas como custos de comercialização.

A Tabela 5.2A pode ser utilizada para auxiliar nessa tarefa.

Tabela 5.2A – Custos de comercialização			
Descrição	**%**	**Faturamento mensal estimado [Tabela 1A]**	**Custo total (R$)**
1. Impostos			
Simples nacional			
IRPJ			
PIS			
Cofins			
IPI			
CSLL			
ICMS (Imposto Estadual)			
ISSQN (Imposto Municipal)			
Despesas com vendas			
Comissão dos vendedores			
Despesas com financiamento das vendas			
Despesas com divulgação dos produtos			
Total			

6. DEPRECIAÇÃO

Você já deve ter percebido que as máquinas vão sofrendo desgastes ao longo do tempo, o que as faz perder valor. A estimativa de perda de valor de um equipamento ao longo dos anos é chamada de depreciação. Por outro lado, é preciso substituir a máquina desgastada para que sua empresa mantenha-se competitiva.

Apesar de ser tratada como custo e influenciar na formação dos preços de venda, a depreciação não exige o desembolso do caixa. É aconselhável que se faça uma reserva financeira, aproveitando os valores da depreciação, para poder substituir o equipamento ao final do período.

A Receita Federal permite os seguintes períodos de depreciação:

Tabela 6A – Tempo de depreciação	
Tipo de ativo	**Vida útil**
Imóveis	25 anos
Máquinas	10 anos
Equipamentos	5 anos
Móveis e utensílios	10 anos
Veículos	5 anos
Computadores	3 anos

Para calcular a depreciação dos ativos da sua empresa, utilize a tabela abaixo.

Tabela 6B – Cálculo da depreciação				
Descrição do ativo	**Valor do bem (R$) [A]**	**Vida útil (anos) [B]**	**Depreciação (R$/ano) [C = A/B]**	**Depreciação (R$/mês) [D = C/12]**
Total da depreciação				

7. DEMONSTRATIVO DE RESULTADOS

O Demonstrativo de Resultados é um resumo ordenado e sistematizado de apresentação das receitas, das despesas e do lucro ou prejuízo da sua empresa, em um determinado período. É uma planilha que transmite a ideia da quantidade de recursos financeiros que sua empresa movimentará durante um determinado tempo, em geral, de 5 anos.

Pode-se utilizar o Demonstrativo de Resultados como instrumento para a tomada de decisão ou para analisar o rumo financeiro da sua empresa: você conseguirá prever o resultado da sua empresa; ou melhor, se ela vai operar com lucro ou prejuízo.

A tabela abaixo pode ser utilizada como exemplo para elaborar o Demonstrativo de Resultados da sua empresa.

Tabela 7A – Demonstrativo de resultados

Descrição	Referência	Valor	%
Receita bruta de vendas (A)	Tabela 1A		
(1) Custos de matéria-prima	Tabela 5.1A		
(2) Impostos sobre vendas	Tabela 5.2A		
(3) Comissão dos vendedores	Tabela 5.2A		
(4) Despesas com financiamento das vendas	Tabela 5.2A		
(5) Despesas com divulgação dos produtos	Tabela 5.2A		
Custos variáveis totais (B)	(1) + (2) + (3) + (4) + (5)		
Margem de contribuição (C)	(A) - (B)		
(6) Despesas fixas	Tabela 4A		
(7) Despesas com pessoal	Tabelas 2B, 2C, 2D e 2E		
(8) Depreciação	Tabela 6B		
Custos fixos totais (D)	(6) + (7) + (8)		
Resultado operacional (E)	(C) – (D)		
Lucro bruto antes do IR (EBITDA)	(E) / (A)		
(9) Provisão para IR	(E) × 15%		
Lucro líquido	(E) – (9)		
Investimento total (F)	Tabela 3.1A		

8. FLUXO DE CAIXA

O Fluxo de Caixa é uma ferramenta simples que serve para mostrar se a empresa tem dinheiro para pagar suas contas, servindo também como um instrumento de tomada de decisão.

Pode-se utilizar o Fluxo de Caixa como um mapa de negociações, tanto com fornecedores quanto com clientes, pois ele permite que você enxergue as oscilações no fluxo de entrada e saída de valores. Pode-se detectar antecipadamente um determinado período em que o fluxo financeiro será negativo, e, assim, poderão ser negociados prazos de pagamentos mais dilatados com seus fornecedores ou antecipações com seus clientes.

Dependendo da sua necessidade, o Fluxo de Caixa pode ser diário, semanal ou mensal. É possível guiar-se pela tabela abaixo para elaborar o Fluxo de Caixa da sua empresa.

Tabela 8A – Fluxo de caixa

Descrição	Referência	Mês
Saldo inicial de caixa (A)	Tabela 3.3A	
(1) Receita de vendas	Tabela 1A	
(2) Receitas financeiras	Aplicações	
(3) Financiamentos e empréstimos	Empréstimos	
Total das entradas (B)	(1) + (2) + (3)	
(4) Salários e encargos	Tabelas 2B, 2C, 2D e 2E	
(5) Amortizações	Pagamentos (empréstimos)	
(6) Depreciação	Tabela 6B	
(7) Despesas com financiamento das vendas	Tabela 5.2A	
(8) Comissão dos vendedores	Tabela 5.2A	
(9) Impostos sobre vendas	Tabela 5.2A	
(10) Pagamentos de fornecedores	Tabela 7A – Itens (5 + 1)	
Total das saídas (C)	Soma dos itens 4 a 10	
Saldo no período (D)	(C) = (A) – (B)	
(11) Depreciação	Tabela 6B	
(12) Reserva de capital	Política da empresa	
(13) Investimentos em P&D	Política da empresa	
Fluxo líquido de caixa (E)	(E) = (A) + (B) – (C) – (11) – (12) – (13)	

P&D: pesquisa e desenvolvimento.

9. ANÁLISE DE VIABILIDADE ECONÔMICA – AVE

9.1. Ponto de Equilíbrio

Você já ouviu falar de Ponto de Equilíbrio? O Ponto de Equilíbrio é o valor que sua empresa precisa faturar para cobrir as despesas de um determinado período.

Também chamado de Ponto de Ruptura ou *Break-even Point*, o Ponto de Equilíbrio é a conjunção dos custos totais com as receitas totais. Pode-se dizer que a empresa atingiu seu Ponto de Equilíbrio quando as receitas totais equalizam seus custos e despesas totais.

O Ponto de Equilíbrio deve ser calculado por meio da seguinte fórmula:

$$\text{Ponto de equilíbrio} = \frac{\text{Custos + Despesas fixas}}{\text{Margem de contribuição}} \times 100$$

No entanto, pode-se estimar o Ponto de Equilíbrio por meio de indicação gráfica, conforme a figura abaixo:

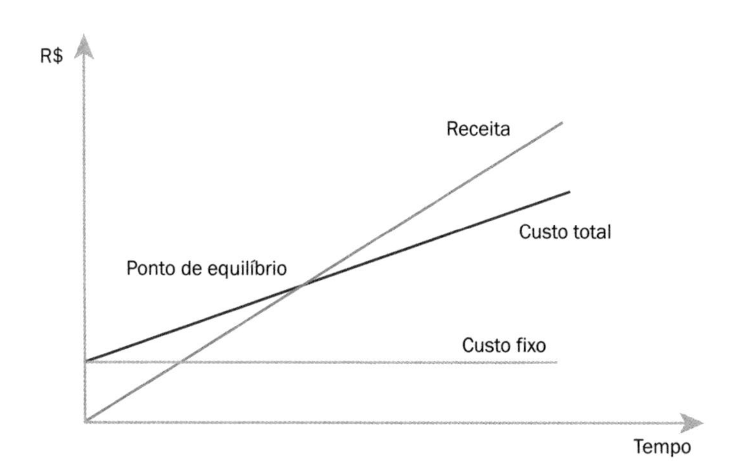

É preciso concentrar todos os esforços da empresa para atingir o Ponto de Equilíbrio, pois somente a partir desse instante a sua empresa irá obter lucros.

9.2. Lucratividade

É o índice que mede a capacidade da sua empresa em gerar lucros. A competitividade da empresa é influenciada diretamente pela lucratividade. Se sua empresa for lucrativa, conseguirá competir melhor no mercado, porque poderá investir mais em novas tecnologias e divulgação dos produtos, além de pagar melhores salários, o que possibilita contratar os melhores funcionários.

A lucratividade pode ser calculada pela seguinte fórmula:

$$\text{Lucratividade} = \frac{\text{Lucro líquido}}{\text{Receita total}} \times 100$$

9.3. Rentabilidade

Indica se investir na sua empresa é um negócio atrativo. Afinal, a rentabilidade é um índice que demonstra o potencial de retorno do investimento que você fez na empresa.

A rentabilidade serve como parâmetro de comparação entre outras opções de negócios ou com outras empresas do mesmo ramo de atividade. Assim, em função do índice de rentabilidade, você pode optar por investir na empresa ou em qualquer outro negócio. Pode, ainda, comparar sua empresa com os concorrentes no requisito desempenho empresarial.

A rentabilidade pode ser calculada pela seguinte fórmula:

$$\text{Rentabilidade} = \frac{\text{Lucro líquido}}{\text{Investimento total}} \times 100$$

9.4. Retorno do Investimento

Também é um índice de atratividade do negócio. Conhecido como *Pay-back*, esse índice mede o tempo necessário para que se recupere o dinheiro investido no negócio.

O retorno do investimento pode ser calculado pela seguinte fórmula:

$$\text{Prazo de retorno do investimento} = \frac{\text{Investimento total}}{\text{Lucro líquido anual}} \text{ (anos)}$$

Podem-se apresentar cálculos de viabilidade do negócio por meio de uma tabela, como a demonstrada abaixo. Mas não se esqueça de projetar um horizonte de 5 anos.

Tabela 9.4A – Indicadores de viabilidade econômica

Descrição	Unidade	Ano I	Ano II	Ano III	Ano IV	Ano V
Retorno do investimento	Meses					
Rentabilidade	%					
Lucratividade	%					
Ponto de equilíbrio	R$					

PARA REFLETIR

1. Tente descobrir a rentabilidade e a lucratividade dos seus concorrentes. Você acha que isso é suficiente para você?
2. Você acha que, a partir do conhecimento do ponto de equilíbrio e da margem de contribuição, é mais fácil desenvolver estratégias de vendas? Por quê?

AULA 9

ESTUDO DIRIGIDO

OBJETIVOS DESTA AULA

- Explicar como desenvolver o Plano de Negócios da sua empresa, utilizando os exemplos existentes na plataforma www.manoleeducacao.com.br/licoesdegestao como referência;
- demonstrar como se devem utilizar as planilhas Excel® oferecidas pelo curso, fazendo dessa aula uma espécie de "tutorial".

Bem, vamos à aula!

EXERCÍCIOS

1. Experimente preencher o conjunto de planilhas Excel® com dados dos produtos da sua empresa. Se você não tiver todos os dados, estime alguns. Depois, analise os resultados e compare com os preços que você está praticando.

2. Veja outros exemplos e exercícios em: www.manoleeducacao.com.br/licoesdegestao:

- Chocosonho Alimentos Ltda;
- Água Viva Ambiental Ltda;
- Fábrica Virtual Ltda.

CONSIDERAÇÕES FINAIS

Olá! Aqui estou eu novamente, o Eugênio, lembra-se? Eu vim até aqui lhe apresentar este curso a distância e agora retorno para encerrá-lo.

Espero que tenha aproveitado bastante, e tenho a certeza de que, se você chegou até aqui, aproveitou mesmo.

Este curso, como você deve ter percebido, tratou de como elaborar o Plano de Negócios da sua empresa. Mas não vá pensando que o tema se esgota aqui. Você precisa ter em mente que o conhecimento é dinâmico e que todos os dias surgem novas metodologias; assim, você precisa se atualizar constantemente.

Para ajudá-lo, vou recomendar uma bibliografia básica e alguns *websites* que você deve consultar regularmente para se manter atualizado.

1. Biagio, Luiz Arnaldo; Batocchio, Antonio. Plano de Negócios – Estratégia para Micro e Pequenas Empresas. 2.ed. Barueri: Manole, 2007.

2. Dolabela, Fernando. O Segredo de Luisa. Rio de Janeiro: Sextante, 2008.
3. Nakagawa, Marcelo. Plano de Negócio – Teoria Geral. Barueri: Manole, 2011.
4. www.sebrae.com.br.
5. http://www.planodenegocios.com.br.

Sucesso!